U0453350

国家智库报告 2019（23）
National Think Tank

经 济

深圳的动力：
供给侧结构性改革和创新发展的深圳经验

中国社会科学出版社中社智库研究院 著

THE DYNAMIC OF SHENZHEN: EXPERIENCES OF SHENZHEN ON SUPPLY-SIDE REFORM AND INNOVATION DEVELOPMENT

中国社会科学出版社

图书在版编目(CIP)数据

深圳的动力：供给侧结构性改革和创新发展的深圳经验／中国社会科学出版社中社智库研究院著.—北京：中国社会科学出版社,2019.10(2021.7重印)
(国家智库报告)
ISBN 978-7-5203-5033-4

Ⅰ.①深… Ⅱ.①中… Ⅲ.①区域经济—经济体制改革—研究—深圳②区域经济发展—研究—深圳 Ⅳ.①F127.653

中国版本图书馆 CIP 数据核字(2019)第 194798 号

出 版 人	赵剑英
项目统筹	王 茵
责任编辑	喻 苗
责任校对	杨 林
责任印制	李寡寡

出　　版	中国社会科学出版社
社　　址	北京鼓楼西大街甲 158 号
邮　　编	100720
网　　址	http://www.csspw.cn
发 行 部	010-84083685
门 市 部	010-84029450
经　　销	新华书店及其他书店

印刷装订	北京君升印刷有限公司
版　　次	2019 年 10 月第 1 版
印　　次	2021 年 7 月第 2 次印刷

开　　本	787×1092　1/16
印　　张	8.5
插　　页	2
字　　数	85 千字
定　　价	45.00 元

凡购买中国社会科学出版社图书，如有质量问题请与本社营销中心联系调换
电话：010-84083683
版权所有　侵权必究

摘要：1978年，党的十一届三中全会做出了改革开放的重大决策。邓小平以一个成熟政治家的聪明睿智提出创办经济特区，以此作为改革开放的突破口。以深圳为典型代表的经济特区肩负重托、不辱使命，在较短的时间内取得了举世瞩目的成就。2012年习近平任总书记后首次离京视察深圳，充分体现了中国政府进一步改革开放的决心。深圳的市场化改革经验为中国改革开放树立了标杆，丰富了中国特色社会主义的内涵，是马克思主义中国化的生动体现。深圳为何能在如此短的时间内取得如此辉煌的成就？深圳的发展有没有、有哪些内在的发展规律可循？

深圳供给侧结构性改革始终是引领深圳改革开放的主线。在某种意义上说，深圳供给侧结构性改革成就了"深圳速度"。在市场化创新体系方面，深圳市以国际化创新城市为目标，从创新体系构建、市场引领、产业新业态选择和把握新一代科技革命四个方面为深圳经济发展注入了新的动力，为全面深化改革的进程夯实了制度和环境基础。在劳动力市场结构方面，深圳市始终将人才体系作为重点发展任务，不断推进和完善供给侧改革的政策措施，吸引和培养高端人才，建立建设良好的人才生态圈。在社会服务体系方面，深圳市着力探索政府、市场与社会资源有效配置的创新方式，在教育、医疗卫生、道路、物流与网络等方面优化和升级社会服务体制，增强深圳对高端人才的吸引力，提高供给结构对需求结构的灵活性与适应性。在土地制度改革方面，深圳市在住房建设领域加大改革力度，优化用地结构，推进"放管服"改革，打造高水平的"深圳建造"品牌，深化了强区放权改革，促进了房地产市场健康有序发展。在改革税收体制方面，深圳市积极落实制造业、中微小企业和高新技术企业的税收优惠政策，拓展国税和地税部门联合办税的广度和深度，以征管信息化为突破口，构建了"互联网+税务"的服务体系，简化了纳税流程，并依托大数据和信息技术的发展，构建了税收风险管理的新平台，完善了税源风险监控体系和税收诚信体系的建设。

今天，中国已作为全球化的引领者进入世界舞台的中央，中国经济发展已成为世界经济发展的"晴雨表"。然而，全球化之路并非坦途，中美贸易摩擦不断加剧，全球经济治理结构亟待重构。经济特区发展的外部环境发生了巨大变化。作为中国对外开放的"排头兵"，在"再全球化"的进程中，新形势、新任务、新挑战赋予了经济特区新的历史使命。2019年8月18日，中共中央、国务院正式发布《关于支持深圳建设中国特色社会主义先行示范区的意见》。该意见提出了支持深圳高举新时代改革开放旗帜、建设中国特色社会主义先行示范区，在更高起点、更高层次、更高目标上推进改革开放，形成全面深化改革、全面扩大开放新格局。深圳的改革开放没有完成时，只有进行时。

关键词： 深圳；供给侧结构性改革；创新发展

Abstract: In 1978, the Third Plenary Session of the 11th Central Committee of the Communist Party of China made a major decision on reform and opening up. Deng Xiaoping, with the wisdom of a mature politician, proposed to create special economic zones as a breakthrough in the policy of reform and opening up. With Shenzhen as a typical representative, special economic zone have shouldered great tasks and fulfilled their missions, acquiring remarkable achievements in a short time. In 2012, Xi Jinping visited Shenzhen for the first time after he became general secretary, which fully demonstrated the determination of the Chinese government to further reform and opening up. Shenzhen's experience in market reform has set a benchmark for the policy of reform and opening up, enriching the connotation of socialism with Chinese characteristics, and became a vivid embodiment of the Sinicization of Marxism. Why could Shenzhen acquire brilliant achievements in such a short time? Did Shenzhen follow a certain rule to develop? What internal rule did Shenzhen follow?

Supply – side structural reform adopted by Shenzhen has always been the main line leading the city's reform and opening up. In a sense, it was supply – side structural reform in Shenzhen that enabled Shenzhen to obtain brilliant achievements in a short time. In terms of market-oriented innovation system, Shenzhen aims to become an international innovation city, injecting new impetus into economic development from the four aspects of innovation system construction, market guidance, selection of new industrial formats and grasping the new generation of scientific and technological revolution, and these consolidate the foundation of institution and environment for comprehensively deepening the reform process. With regard to the structure of labor market, Shenzhen always take the construction of talent system as the key of development task, continuously promoting the policies and measures of supply-side reform to attract and cultivate top talents, and establishing a sophisticated "talent ecological circle". In the field of social service system, Shenzhen focuses on exploring innovative ways of effective allocation of government, market and social resources, as well as optimizing and upgrading social service system in education, medical care, roads, logistics and network, etc., to enhance Shenzhen's new attraction to top talents and improve the flexibility and adaptability of supply structure to demand structure. In the reform of land system, Shenzhen intensifies the reform in the field of housing construction, optimizing the structure of land use, promoting the reform of "streamline administration, delegate government power, strengthen regulation and improve services", to creat a high-level brand of "Shenzhen construction". Through these measures, Shenzhen has promoted healthy and orderly development of the real estate market. In the reform of tax system, Shenzhen actively implements the tax preferential policies in manufacturing, small enterprises and high-tech enterprises, expanding the depth and breadth of joint tax administration between state and local tax departments. Taking tax collection and management information as a breakthrough, Shenzhen integrates the Internet and taxation to build a new service system and simplify the tax payment process. Relying on the development of big data and information technology, Shenzhen has built a new platform for tax risk management, improving the construction of the tax source risk monitoring system and tax integrity system.

Today, China has entered the center of the world stage as a leader of globalization, and its economic development has become a "barometer" of world economic development. However, the path of globalization is not smooth. Trade frictions between China and the United States are continuity increasing, and the global economic governance structure needs to be reconstructed urgently. Great changes have taken place in the external environment for the development of special economic zones. In the process of "re-globalization", special economic zones are endowed with the historical mission of new situation, new tasks and new challenges. On August 18, 2019, the central committee of the communist party of China and the state council issued the "opinions on supporting Shenzhen to build the pilot demonstration area of socialism with Chinese characteristics". The opinions proposed to support Shenzhen in building a pilot demonstration area of socialism with Chinese characteristics, promoting the process of reform and opening up at a higher starting point, to deepen reform and expand opening – up comprehensively. Shenzhen's process of reform and opening up will never end. It will always be on the route.

Key words: Shenzhen; Supply – side structural reform; Innovation and development

目 录

绪 论 ………………………………………… (1)

一 建立市场化创新体系,引领供给侧
　结构性改革 …………………………………… (9)
　（一）以建设国际化创新型城市为目标的
　　　　深圳定位 ……………………………… (9)
　（二）以市场和产业为主导的深圳
　　　　创新模式 ……………………………… (15)
　（三）准确把握第四代科技革命历史
　　　　机遇的能力 …………………………… (22)

二 完善劳动力市场结构,提升人力
　资本质量 ……………………………………… (34)
　（一）健全人才引进机制 ………………… (34)

（二）打造"鹏城工匠"与技能大师 ……… (37)
　　（三）建立人才评价和流动机制 ………… (46)
　　（四）完善人才保障体系………………… (50)

三　健全社会服务体系，优化供给结构………… (55)
　　（一）积极推进教育资源的优质化与
　　　　　多元化 ………………………… (56)
　　（二）全力推进医疗卫生服务的均衡化与
　　　　　精准化 ………………………… (64)
　　（三）大力推进道路、物流与网络的
　　　　　畅通化与效率化………………… (70)

四　优化用地结构，开辟土地供给空间………… (78)
　　（一）坚持土地集约发展的道路 ………… (79)
　　（二）深入推进住房制度改革 …………… (85)

五　改革税收体制，释放供给活力……………… (93)
　　（一）减轻企业税负压力………………… (94)
　　（二）深化联合办税模式………………… (99)
　　（三）创新"互联网+税务"服务
　　　　　体系 ………………………… (102)
　　（四）完善税收风险管理平台 ………… (107)

结　论 …………………………………………（111）

参考文献 …………………………………………（114）

后　记 …………………………………………（117）

绪　论

深圳是中国最早实行对外开放的经济特区之一。改革开放以来，深圳发展步入了快车道。经过40年的发展，凭借政策优惠的先动优势、区位优势和创新能力，深圳成为中国对外开放的重要窗口。党的十八大以来，深圳经济特区深入学习贯彻习近平总书记系列重要讲话精神及其对广东、深圳工作的重要指示和批示精神，勇当供给侧结构性改革的"排头兵"，引领经济发展新常态。

整体经济实力雄厚。2018年深圳地区实现生产总值约24222亿元，比2010年翻了3倍，与2000年相比翻了近10倍，人均GDP达到19.33万元，同比增长3.2%。其中，第一产业增加值22.09亿元，占全市GDP的0.1%，同比增长3.9%；第二产业增加值9961.95亿元，占全市GDP的41.1%，同比增长9.3%；第三产业增加值14237.94亿元，占全市GDP

的58.8%，增长6.4%。深圳也是发展新兴产业的"先头兵"，2018年战略性新兴产业增加值合计9155.18亿元，同比增长9.1%，占地区生产总值的37.8%；同年印发了《深圳市关于进一步加快发展战略性新兴产业的实施方案》，以创新引领为核心，围绕新一代信息技术、高端装备制造、绿色低碳、生物医药、数字经济、新材料、海洋经济等七大战略性新兴产业，实施创新驱动发展战略，大幅提升产业科技含量，加快形成具有国际竞争力的产业集群，促进更多优势领域发展壮大并成为支柱产业，持续引领产业升级和经济社会高质量发展。

外贸外资齐头并进。作为国际化都市，近年来深圳外贸总额不断创下新高，2018年深圳贸易总额达到3万亿元，其中出口规模连续26年居内地城市首位，在当前外部经济形势复杂严峻、不确定、不稳定因素增加的背景下。深圳外贸发展结构在持续优化，跨境电商、租赁贸易等外贸新业态进出口成倍增长，发展势头强劲；民营企业成为深圳外贸发展的主要增长动力，市场主体地位进一步巩固；高技术高附加值产品在外贸产品结构中始终占据主导地位，高新技术产品及民生消费品进口规模位居全国前列。2018年深圳新签外商直接投资合同项目14834个，同比增长119.5%，实际使用外商直接投资金额82亿美元，同比增长10.8%，对外直接投资增长118%，实现外贸外资"双花齐放"。

优质企业带动发展。历经40年的洗礼，深圳培育了一批大型知名企业，例如华为技术有限公司、腾讯计算机系统有限公司、中国平安保险（集团）股份有限公司、华润万家有限公司、中兴通讯股份有限公司、招商银行股份有限公司、万科企业股份有限公司、比亚迪股份有限公司等国内百强企业，覆盖通信、金融、互联网、半导体、房地产、汽车等各个领域，不仅为深圳的繁荣发展发挥了带动作用，同时也为全国经济增长带来了积极影响。为推动更多优质企业的长远发展，深圳于2001年成立南山科技园，立足于推动深圳中小企业快速成长，聚集近300家服务机构，为企业提供多层次、全方位、一条龙的投融资服务，实现了制造与服务的渗透和融合。积极引入海外机构入驻，为企业对外经贸、融资、投资提供国际化平台，享受专业化服务。

社会法治建设水平领先。一个城市的发展离不开良好的环境制度，深圳是全国地方立法最多的城市，自1992年被授予特区立法权以来，27年时间累计制定200多项法规。其中，先行先试和创新变通两类法规占比超过70%，包含的大部分法律条例早于国家法律、行政法规出台，在某些领域填补了立法空白。在建立和完善市场经济体制方面，深圳共制定相关领域法规67项，为规范市场主体制定了股份有限公司条例、商事条例、企业破产条例等，同时补充了中介机构方面的律师条例、注册会计师条例、行业协会条例等，以及后续配套立法，如房地产市场条例。通过完善立法制度，为深圳的高速发展提供基本条件，也促进了深圳改革创新窗口和试验田作用的发挥，特别是为促进高新技术产业发展，深圳平均每三年出台一部相关法规为自主创新保驾护航，帮助企业解决实实在在现存的困境问题，帮助填补在研发创新时操作层面的法律空白，促进深圳创新驱动发展战略更高效地实施，激发创新个体、企业的热情，培育整个城市的创新文化。

教育资源、人才引进优质化和多元化。自改革开放以来，敢为人先的深圳书写了自身高质量、高效率的精彩篇章，深圳教育勇于先行先试，全面履行义务教育工作，率先在全国探索学位建设督政机制，最大限度为非户籍学生提供入学便利，同时深圳基于教育现代化的视角，注重教育品质，培养深圳学子综合素养，将教育高质量发展纳入打造经济社会"深圳质量""深圳标准"的整体规划。此外在引进高层次人才方面，深圳市政府财政支持推动高等教育发展步入快车道，香港中文大学、中山大学、哈尔滨工业大学等高层次学府均在深圳建立校区落户，培养高素质人才，输往深圳各行各业。为推动深圳企业的研发创新，深圳成立科技创新委员会，颁布具体政策资助支持科研人员，包括事前资助、事后补助和奖励补助等，只要是符合条件规定的项目研发，政府会最大限度给予福利补贴，努力推动深圳高水平企业、高层次人才的创新。

深圳能够实现供给侧结构性改革和社会经济的"百花齐放"与党和政府的正确领导密不可分，自改革开放以来深圳坚持全面深化改革，坚持全面扩大开放，坚持中国共产党的正确领导，坚持以人民为中心，践行高质量发展要求，深入实施创新驱动发展战略，抓住粤港澳大湾区建设重大机遇，增强核心引擎功能，朝着建设中国特色社会主义先行示范区的方向前行，努力创建社会主义现代化强国的城市范例。深圳是我国改革开放的一面重要旗帜，是中国特色社会主义的样板，深圳特区供给侧结构性改革和创新发展取得成功的每一个重要关口都体现了党中央和政府的坚强领导与亲切关怀，因而深圳得到了充分发挥智慧的空间，作为对内改革的试验田和对外开放的窗口，勇于尝试并且走出了"深圳道路"，为全国各地实施新一轮改革开放战略提供了宝贵经验。

1980年8月，改革开放的总工程师邓小平同志审时度势、高瞻远瞩，做出了创办深圳经济特区的历史性决定。40年来，深圳的高速发展充分体现了社会主义制度的优越性。

改革开放以前的深圳仅仅是一个小渔村，与仅一河之隔的香港形成鲜明对比。改革开放后，深圳以举世瞩目的发展速度向世界证明了中国城市发展的巨大潜力。深圳经济特区争做改革开放的排头兵，在短时间内迅速成长为创新型国际大都市。深圳一次次走在中国改革开放的最前沿，从贫穷到富有，从保守到开放，从模仿到创新，"深圳速度"让世界为之震惊。无论是政府和企业的关系，还是企业和个人的关系，都被深圳这个富有生命力的城市赋予了新的定义。深圳成为改革开放40多年中国城市发展的先锋和典范，在这里，世人看到了无数的奇迹。

深圳发展速度之快是空前的。2018年深圳GDP再创新高，达24221.98亿元，比1979年翻了12110倍，比2000年翻了11倍以上。这是深圳GDP首次超越香港，高出221亿元左右。深圳人均GDP 2018年达19.33万元，超过全国平均水平近3倍，比1979年翻了300多倍。深圳是中国对外开放程度最高的城市。2018年，深圳进出口总额达3万亿元，仅次于上海，出口值连续26年居全国大中城市第一，实际利用外资

82亿美元，同比增长11%，对外直接投资增长118%。深圳是一座富有创新基因的城市。2018年，深圳全社会研发投入超过1000亿元，新引进人才28.5万人，同比增长8.4%；新增全职院士12人，总量增长41%；新增高层次人才2678人，同比增长59%。2018年，深圳全球创新城市排名，位居第14名，国内有效发明专利达11.8万件。

深圳市场化改革的成功经验为中国改革开放树立了标杆，丰富了中国特色社会主义的内涵，是马克思主义中国化的生动体现。深圳经济特区作为中国改革开放的重要窗口，各项事业取得了显著成绩，已成为一座充满魅力、动力、创新力的国际化城市。

2019年，是新中国成立70周年，深圳也迎来40岁的生日。今天，中国已作为全球化的引领者进入世界舞台的中央，中国经济发展已成为世界经济发展的"晴雨表"。然而，改革开放之路并非坦途，中美贸易摩擦不断加剧，全球经济治理结构亟待重构。经济特区发展的国际环境发生了巨大变化。深圳作为中国对外开放的"排头兵"，在新形势、新任务和新挑战下的"再全球化"的进程中，需要承担新的责任和历史使命。2019年8月18日，中共中央、国务院正式发布

《关于支持深圳建设中国特色社会主义先行示范区的意见》。① 该意见提出了支持深圳高举新时代改革开放旗帜、建设中国特色社会主义先行示范区，在更高起点、更高层次、更高目标上推进改革开放，形成全面深化改革、全面扩大开放新格局。② 深圳改革开放由此进入了一个新的阶段。

---

① 中国政府网：《中共中央 国务院关于支持深圳建设中国特色社会主义先行示范区的意见》（http://www.gov.cn/xinwen/2019-08/18/content_5422183.htm）。

② 同上。

一 建立市场化创新体系，引领供给侧结构性改革

当前中国改革开放进入攻坚阶段，在经济转型的关键时期，以习近平同志为核心的党中央审时度势，提出实施供给侧结构性改革，从传统需求端刺激经济的做法，转向供需改革并重，通过提高供给端的供给质量与供给效率，促进新一轮经济增长。深圳是中国改革开放的先行区，深圳要发挥先锋典范作用，为其他城市提供供给侧结构性改革的经验与可复制的模式。创新是深圳的鲜明标签，以创新引领供给侧结构性改革是发展的必经之路。

（一）以建设国际化创新型城市为目标的深圳定位

"深圳速度"离不开中央政府和深圳市政府对这

座城市的前瞻性定位。2015年5月深圳市第六次党代会报告首次提出"建成现代化国际化创新型城市"的发展目标，重新定义深圳的城市定位。深圳是中国改革开放的先行者，积累了丰富的创新经验。深圳建设国际化创新型城市的发展定位既是基于中国政府完成经济转型升级的战略需要，也是深圳自身发展的要求。

1. 制度创新是改革实现的基本保障

制度创新是改革的核心与关键词。随着中国经济发展进入新常态，原有的制度体系已经严重不匹配经济发展要求，存在较严重的供给抑制与供给约束。制度创新是政府与市场良性互动的基本保障。习近平总书记在多个场合多次提及发挥政府和市场的相互作用。创新制度能带来"制度红利"，通过政府"理性主导"机制和市场机制的叠加优化经济结构，从而转向高增长、可持续的经济增长路径。深圳市制度创新始终走在全国前列，从税收制度改革到司法体系改革，从创新人才发展措施到转变政府职能，深圳在制度创新上体现出敢于担当、敢于探索的精神。

在法制化建设方面，深圳从1992年获得经济特区地方立法权后，运用法律法规规范市场环境，从市场主体、市场产品和服务、市场规则三方面进行法制化建设。对要素市场的多个方面,如资源、房地产、资本等加强法律法规与政策措施创新,规范政府工作,为企业创新、市场开放、社会发展营造了宽松自由的制度环境。

在商事制度改革方面,2013年深圳率先试点进行商事登记制度的改革,使"先证后照"为"先照后证",大幅度降低工商登记门槛,全面精简行政审批事项,显著减少企业注册成本,激活市场效果明显。此后,深圳不断纵深推进商事制度改革,从商事登记前置审批改为后置审批、仅保留12项前置审批,到实行注册资本认缴制、场地申报制、企业年报制、经营异常名录制度;从出台审批事项权责清单和后续监管办法,到建立"谁审批,谁监管"以及行业监管相结合的新型审批监管制度;从建立全市统一的商事主体登记及许可审批信用信息公示平台,到实现全业务、全流程、无纸化网上商事登记,再到"四证合一""五证合一",最终实现"多证合一、一照一码"的登记模式。[①]

2. 要素升级是结构优化的内在动力

要素升级主要是指同类生产要素从质量上进行划分,实现质量升级,提高要素配置效率,从而提高全

---

① 何泳:《深圳商事登记制度改革推向纵深》(http://sztqb.sznews.com/html/2016-06/11/content_3545146.htm)。

要素生产率，如生产技术进步、人力资本提升、信息化水平提高等。随着中国进入新的发展阶段，人口红利逐渐消失，资本累积速度减慢，原有的投资、消费和出口拉动经济的模式难以继续，要素升级能够增强经济转型升级的动能，促进产业结构升级。

在技术升级上，深圳形成了独特的创新链与生产链相结合的发展模式，企业是深圳创新来源的主体，深圳大量的研发投入源自企业，多家企业设有自主研发机构，这为创新产品的构思、生产、经营提供了天然的孵化环境。另外，深圳市政府支持产业园区的发展，形成虹吸效应，在人才引进与培养、知识产权保护、资本融资、企业用地等方面提供配套政策措施，加大社会服务供给财政支出，为企业创新研发创设了优良的外部环境。

为吸引优秀人才扎根深圳，深圳市政府实施"人才强市战略"。从2011年开始实施"孔雀计划"，引进国内外优秀的人才团队。2014年深圳成为全国首个以城市为单元建设的国家自主创新示范区，创新体制和创新环境不断升级。2016年深圳市政府出台了强化"人才强市战略"的多项政策，从保障人才发展、人才住房、人才社会服务多个方面提出多项政策措施，完善"孔雀计划""千人计划"等人才建设工程，设立多种奖项，提高奖励规格，并从原来的每年财政支出5亿元提高至10

亿元，用于鼓励和吸引人才；加强高等教育建设，寻找全球优质教育资源，建设高水平大学和国际性学院，推动创新链与制造链、资金链的融合，整合创新资源以满足经济发展中市场和社会的需要。2017年深圳市实施"圈层梯度、一区多园"战略，在产业园区内通过建设多种平台，如科技金融服务平台、公共技术服务平台、企业管理服务平台、人文社区交流平台等，吸引企业家、创客、创新人才入驻。2019年深圳市政府工作报告显示，全年新引进人才28.5万人。

深圳在科技创新方面的成果领先全国，深圳2015年的科技贡献率就达到60.1%，已经提前完成中央"十三五"规划中提出的2020年科技贡献率的目标。2018年深圳全社会研究与开发（R&D）投入超过1000亿元，占GDP的4.12%。深圳前瞻性地布局重要领域，给予政策扶持，激发本土大型企业在新兴产业进行科学研发与技术创新。目前，在互联网、信息通信、生物技术、新能源与人工智能等创新领域已经取得突破性进展，获得重大科技成果。

3. 良好的营商环境是创新发展的基本保障

深圳加强顶层设计，不断进行政策与制度创新，为改善营商环境提供政策保障。2008年深圳出台了第一部科技创新地方性法规——《深圳经济特区科技创新促进条例》，随后又积极出台一系列鼓励创业创新的政策措施，涵盖创新基础能力建设、人才培养与引进、产业空间、投融资体系建设等方面。2013年深圳市人民代表大会常务委员会颁布关于修改《深圳经济特区科技创新促进条例》的决定，新的条例在内容和顺序上做出了一些调整。《深圳国家创新型城市总体规划（2008—2015）》[①] 明确指出深圳要不断完善创新法规政策，加快促进自主创新，保护知识产权，把建设国家创新型城市纳入法制化轨道。为了形成良好的知识产权保护体系，保护创新成果。2017年深圳实施最严格的知识产权保护，出台加强知识产权保护"36条"，成立深圳知识产权法庭和中国（南方）知识产权运营中心，建成南山知识产权保护中心并投入运营。设立天使投资引导基金，建立知识产权质押融资风险补偿基金，在全国首推专利被侵权损失保险。

在创新文化建设方面，深圳一向具有"开放、包容、敢为天下先"的文化特色，良好的创业文化和创新精神是深圳发展的内在动力。这种勇往直前的创新精神的产生与深圳的移民文化有深厚联系，深圳长期实施宽松的户籍政策与强劲有力的人才发展政策，为

---

① 深圳政府在线网：《深圳国家创新型城市总体规划（2008—2015）》（http://www.sz.gov.cn/fzggj/home/zwgk/ghjh/zxgh/201202/t20120220_1806107.htm）。

深圳吸引国内外优质创新人才奠定了良好的基础。截至2016年年底，深圳市常住人口已达到1190.84万人，其中非户籍人口806.32万人，约占全市人口的70%。外来移民深刻影响着深圳社会发展的方方面面，逐渐形成了吃苦耐劳、不断创新、宽容失败的"创客文化"。

（二）以市场和产业为主导的深圳创新模式

创新是城市的活力之本、动力之源。深圳作为首个国家创新型城市试点，历经十多年的创新建设历程，在创新文化、创新环境、创新生态系统的建设中积累了大量经验。深圳始终将企业和人才作为创新的内在力量，推动各类创新平台、创新载体的建设，打造优良的创新创业环境，不断完善创新生态环境的建设，为有梦想、有激情、有创新能力的深圳创客们打造了创新创业的"天堂"，逐渐形成了具有鲜明特色的深圳模式。

1. 企业为创新主体力量

深圳始终坚持企业在创新过程中的主体地位。[①] 新

---

① 尤建新、卢超、郑海鳌、陈震：《创新型城市建设模式分析——以上海和深圳为例》，《中国软科学》2011年第7期。

技术或新产品从研发到投入市场都由企业自主进行，企业将创新产品投入市场，迅速转化带来经济效益。深圳创新驱动的特色正是深圳企业，创新的精髓来自企业。"四个90%"总结出深圳创新模式：90%的发明创新的科研主体是企业；90%的研发费用为企业自主投入；90%的创新研发成果来源于企业；90%的科研人员为企业员工。深圳企业拥有较完整的创新链，在产学研结合上有天然优势，正是这种创新模式，带领深圳成为中国最具发展潜力的创新型城市。

目前，深圳梯次型企业创新链已经形成，截至2017年年底，深圳科技型企业超过3万家，国家级高新技术企业突破1万家，仅次于北京。深圳创新型企业迅速崛起，在高精尖领域拥有一席之地，通信科技类企业有华为（1987年创立）、中兴通讯（1985年创立），新能源汽车生产商有上市公司比亚迪（1995年创立），互联网企业有"二马之一"马化腾创建的腾讯（1998年创立），国家级高新技术企业有研祥智能（1993年创立）、创维数字（2002年创立）、海洋王照明（1995年创立）等世界知名企业。

同时，深圳还涌现出多家具备创新潜力的中小企业，中小企业为深圳创新持续不断地提供能量。截至2018年年底，深圳1.12万家国家级高新技术企业中的80%以上为以民营为主体的中小企业，"专精特新"创新型中小微企业超过5000家，全市授权专利的60%以上来自中小企业。在无人机市场，大疆创新（2006年创立）获得认可，大疆无人机占据全球约80%的无人机市场份额。在3D技术领域，超多维成为国内最大的裸眼3D技术提供商。

由世界知识产权组织和美国康奈尔大学等机构在纽约发布的《2018年全球创新指数（GII）报告》指出，在全球热点地区创新集群中，深圳凭借工程类的"数字通信"领域的创新发明稳居第二名，在该领域的专利申请数占比为42.33%，仅次于东京。深圳企业正在不断向全球创新链、价值链的上游攀升，创新能力在世界范围内处于领先地位。2018年PCT国际专利申请量达到1.8万件，占广东省PCT国际专利申请总量的71.5%，连续15年居全国大中城市第一。

2. 服务型政府为创新的强大支柱

深圳市服务型政府的建立为开放市场环境提供了有力的保障。深圳相较于国内其他城市，最大的优势在于市场化程度较高，开放和富有竞争的市场为企业创新提供了有益的环境。

深圳市政府职能转变特点突出，效果明显。深圳市政府对行政审批事项进行了多轮改革。1997年深圳市政府对行政审批制度进行第一轮改革，审批事项精减至628项。2001年第二轮改革后保留439项，到

2004年行政审批事项有所反弹，又进行了第三轮清理。从2011年起，深圳每年对行政审批事项进行一次清理，并且选取部分与民众生活密切相关的部门，如药监、市场监管、交通运输、人居环境等进行行政审批标准化试点，制定出台相关政策文件支持行政审批制度标准化工作。2012年深圳的行政审批事项比原有的减少113项，减幅达32.2%。从2011年到2014年，深圳行政审批事项从1800多项减少至347项，减幅超过80%。2016年，深圳市人民政府颁发《深圳市优化行政审批流程实施办法》，进一步规范行政审批流程，深化制度性改革。2017年，为全面贯彻党的十九大精神，落实国务院关于深化简政放权放管结合优化服务的要求，深圳市政府颁发《深圳市推进简政放权放管结合优化服务改革工作要点（2017—2018年）》，提出拓展"多证合一"范围，探索推进"多审合一""容缺受理"等改革，开展"双随机一公开"监管工作，并且加强市网上办事大厅开发建设，加强线上服务功能。2018年，深圳围绕"数字政府"和建设"双一流"的目标，推行对高校学生落户、企业投资项目备案等53个事项"秒批"，无犯罪记录证明办理、企业注册登记"不见面审批"，对建设工程项目进行"深圳90"改革，即建设项目总审批时间不超过90个工作日，颁发《深圳市政府投资建设项目施工许可管理规定》和《深圳市社会投资建设项目报建登记实施办法》。

深圳市政府重点改革对企业和居民这两大主体的服务。针对企业，深圳市政府不仅发布了各项有利于科技创新的各项政策、产业扶持政策，而且直接对接经济发展中的微观主体，开展一对一的对口服务，真正使企业成为创新主体与载体。深圳市政府尽力构建相对完善的企业服务体系与框架，开展市领导挂点服务、政府有关部门对口服务、各区一对一服务等多种形式的企业服务活动，并且推行服务信息化，网络服务水平不断提升。线下，各个行业协会积极参与企业服务活动，街道也自行开展企业服务活动，实现上下联动、各方投入、齐心协力的服务方式；线上，深圳开设专网、专线渠道，使用网络、热线与新媒体工具直接与企业进行沟通，真正做到与企业的快捷互动，服务效能得到有效提高。针对居民，加快打造24小时服务型政府。以深圳市中心福田区的深圳市民中心为例，服务大厅共设置149个服务窗口，审批项目达到390多项，真正实行"一站式"服务。由行政中心到市民中心，深圳市政府借此完成了行政理念的大转变，向服务型政府迈出了关键的一步，展现了开放、亲民的政府形象。

深圳市政府在服务理念、服务方式上的突破性进展，创造了有利于各类企业创新的生存环境，留住了想要迁移总部的大型企业,壮大了一批具有创新能力的中小企业,培育出大量无畏失败、勇于创新创业的优秀企业家,让创新精神成为深圳文化之魂。

3. 创新生态体系为创新孵化基地

创新生态体系是创新群体赖以生存的空间,是促进创新产生、产学研一体化、创新成果商业化的重要环境,也是孵化创新企业,培育原始创新能力的重要基地。

深圳建设"以企业为主导、市场为导向、政产学研资介相结合"的创新综合生态体系,为推进产业结构升级,保持经济增长,加快建设国际化创新型城市提供了强大的战略导向和政策支持。[①]

在创新投入方面,深圳市 2017 年全社会研发投入超过 900 亿元,占 GDP 比重达到 4.13%。有效发明专利 5 年以上维持率在 85% 以上,位居全国第一。在深圳,大型企业自主研发能力较强,研发资金较充足,中小型企业利用政府提供的创新平台、产业园区等能获得一定的资金支持。

在创新人才方面,深圳市政府出台一系列人才吸引政策措施,为人才提供更好的住房、医疗等公共服务保障。深圳鼓励科研机构设立海外研发中心,吸纳

---

① 深圳政府在线网:《第八届中国产学研合作创新大会新闻发布会》(http://www.sz.gov.cn/cn/xxgk/xwfyr/wqhg/20141031/)。

国际上高水平、科研能力强的各类研究人员。通过创新生态体系的建设，深圳不仅为人才营造一个良好的生活环境，而且为人才打造了广阔的职业发展空间，充分发挥人才的创新优势。

在创新载体建设方面，深圳已累计组建6个诺贝尔奖科学家实验室、4家基础研究机构、5家制造业创新中心，国家、省、市级重点实验室、工程实验室、工程研究中心、企业技术中心等创新载体累计达到1688家。5家国家级和10家市级"双创"示范基地挂牌成立，创客服务平台累计达75家。深圳发展了一批深度融合产学研机制、促进科技成果高效转化、孵化创新企业的特色新型科研机构，如深圳启光高等理工研究院、深圳华大基因研究院、中科院深圳先进技术研究院、深圳清华大学研究院等一批不完全像大学、科研院所、企业、事业单位的"四不像"创新载体。这类新型科研机构承担起研发平台、人才培养、投资孵化、创新基地、科技金融、国际合作六大职责，提供了更自由、自主的创新平台，使资源配置更有效率、产品需求更贴近市场，让企业存活率、专利转化率与技术转化率较传统模式提升了三至四倍，打造出开放式的众创平台和创客空间。正是这类新型科研机构弥补了深圳本土高校缺乏的短板，为深圳创新型城市建设做出了突出贡献。

（三）准确把握第四代科技革命历史机遇的能力

2018年5月习近平总书记在两院院士大会上的讲话中强调，"我们迎来了世界新一轮科技革命和产业变革同我国转变发展方式的历史性交汇期……我们必须清醒认识到，有的历史性交汇期可能产生同频共振，有的历史性交汇期也可能擦肩而过"。在新一轮技术革命与产业革命的背景下，国内外环境与客观条件为深化供给侧结构性改革提供了良好的机遇，深圳牢牢地抓住新科技革命开启的"机会窗口"，全面推进关键核心技术突破，抢占世界前沿科技高地。深圳作为中国主要的创新型城市，在坚持以创新引领供给侧结构性改革中，以创新、协调、绿色、开放、共享为指导理念，发挥市场主导作用，配合行政手段，淘汰高能耗、高污染、低收入的落后企业，促进企业技术改造升级，定位战略性新兴产业，促进产业结构升级，促进经济结构调整，打造"深圳质量"与"深圳速度"。

1. 推进企业技术改造升级，淘汰落后产能

深圳逐步淘汰落后产能，培育先进产能，减少低效低端供应，增加优质供应，走可持续发展道路。深

圳市政府统筹规划淘汰落后产能工作,规划重点清理区域与产业,综合应用行政手段与法律法规清除落后企业,并坚持发挥市场倒逼、协调的作用。政府鼓励企业技术升级改造,支持劳动密集型企业如服装、家具、珠宝等企业购买先进的生产设备,淘汰落后生产工具,大力调动企业生产高技术质量与附加值产品的积极性。

深圳市政府完成去产能任务的策略有以下三条。① 第一,明确定义"僵尸企业",认定停产半停产、连续3年以上亏损、资不抵债、靠政府补贴和银行续贷存在的企业为处理对象,重点处理国有"僵尸企业",鼓励社会资本通过股权收购、股权置换的方式参与国有企业的改制重组,深入开展全市排查与清理工作,细致划分责任,对非国有"僵尸企业"采取分类划分、政府推动、市场引导的指导方法,综合运用行政、法律法规和金融等措施开展清理工作。第二,对环境污染大、资源消耗大的落后产能企业采取重点产业、重点领域划分,成片清理落后低端企业和产业环境整治,并且分解年度清理目标,将低端制造生产环节逐步向外进行产业转移,惩罚和鼓励政策并行,对主动

---

① 深圳政府在线网:《深圳市人民政府关于印发〈深圳市供给侧结构性改革总体方案(2016—2018年)〉及五个行动计划的通知》(http://www.sz.gov.cn/zfgb/2016/gb967/201608/t20160809_4275500.htm)。

退出低端高耗能、实施兼并重组的企业给予技术上与资金上的扶持，降低产能改造成本。第三，推进企业技术革新，培育先进产能，政府进行重大产业项目规划布局，完善产业准入规则设立，避免出现新增落后产能，引导新兴产业发展，防止在新兴产业出现投资过热与盲目投资导致的产能过剩，并且鼓励发挥第三方平台如智库、行业协会等对市场需求、产能状况等进行及时评估，帮助企业找准发展定位。

深圳国有企业改革工作走在全国前列，为国有企业改革积累了宝贵经验。深圳综合试验以资产管理体制和国有企业经营机制改革为重点。在资产管理体制上，从1994年开始，深圳市属国资推动公司制改革和混合所有制改革，推动国资布局优化及结构战略性调整。在经营机制上，国有企业创新国际招标模式，引进国际战略投资者，实现转让资产溢价，达到产权主体多元化，增强国有企业的竞争力，并且增强员工持股比例，加深企业与个人的发展关系，激发企业的创新动力。

深圳市贯彻落实中央、省、市的决策安排，贯彻落实深圳市国有企业"1+12"改革精神，进一步加大改革力度，大胆探索创新，全面推进国有企业混合所有制改革。积极探索国有企业产权制度改革和混合所有制经济的发展，以战略重组，管理层、核心骨干持股，并购重组和基金等多种方式进行改革。深圳认真落实"1+N"国企改革政策要求，深化重点领域改革，2018年有5家企业入选国家国企改革"双百行动"。2019年是国有企业改革的攻坚期，深圳市国资委表示将聚焦重点产业、重点领域，稳步推进改革进程。

2. 完善产业指导目录，促进新兴产业发展

合理完善的产业导向目录是政府前瞻性地部署产业结构调整方向、深入创新驱动发展战略的重要助推器。深圳最新修订的产业导向目录，对产业划分清晰具体，特别突出了战略性新兴产业与绿色环保产业，统筹规划产业布局、促进产业结构升级，为新兴产业的发展提供了良好的政策环境，有效发挥了政府引导产业结构优化调整的重要职能，促进了社会资本投资的高效配置。

深圳市发改委于2017年11月发布的《深圳市产业结构调整优化和产业导向目录（2016年修订）》，明确产业划分，合理引导社会资本流向，有效推进产业结构升级。在这份产业目录中，产业分为鼓励发展、制约发展、禁止发展三大类。鼓励发展类涵盖生物产业、新能源产业、互联网产业、新材料、信息技术、节能环保等20个产业；制约发展类产业共有390个。

将高能耗、高污染产业划归为禁止发展类产业。由此，深圳通过产业规划，逐步实现了落后产业转移。

深圳以战略性新兴产业和未来产业作为发展引擎，促进新旧动能转换。深圳重点发展七大战略性新兴产业和四大未来产业，七大战略性新兴产业分别是新一代信息技术产业、互联网产业、新材料产业、生物产业、新能源产业、节能环保产业与文化创意产业；四大未来产业分别是海洋产业、航空航天产业、机器人可穿戴设备与智能装备产业、生命健康产业。2017年深圳市新兴产业①实现增加值约9183.55亿元，同比增长13.6%，占GDP比重达到40.9%。2018年11月，深圳市政府颁发《深圳市关于进一步加快发展战略性新兴产业的实施方案》，指出将重点在信息技术产业、高端装备制造产业、绿色低碳产业和生物医学产业发展和形成具备国际竞争力的产业集群。

3. 发展先进制造，扩大高端产能

深圳先进制造业全国领先。深圳市政府于2016年1月出台《〈中国制造2025〉深圳行动计划》，以推动制造业数字化、网络化、智能化、绿色化为目标，实

---

① 新兴产业包括七大战略性新兴产业（新一代信息技术、互联网、新材料、生物、新能源、节能环保及文化创意）和四大未来产业（生命健康、航空航天、海洋及机器人可穿戴设备和智能装备）。

施"十大行动",有方向、有步骤、有重点地布局先进制造业。

深圳重点发展精密制造、高端制造与智能制造,在机器人、电子制造、医疗器械等领域开展智能制造试点示范,实施重大工业项目培育工程,引进重点发展领域的高技术、高价值项目,并完善项目的资金支持体系。政府大力支持企业技术创新,鼓励企业开展关键核心技术的研发,鼓励企业投入服务机器人、消费类无人机、可穿戴智能产品、虚拟现实产品等智能消费品的研发和生产,深化"互联网+"行动计划,大力培育发展新业态和新模式。

深圳加快对建立产业园区,加快产业梯度转移,促进产业集聚,发挥知识溢出效应,已经在生命健康、海洋经济、航空航天等未来产业领域规划建设10个集聚区,培育若干千亿元级产值的电子信息产业集群。可见,深圳未来产业的轮廓十分清晰。

着力落实有关先进制造业的各项政策措施是深圳在该领域取得发展优势,获得突破性进展的基础。2018年,深圳实现规模以上工业增加值9109.5亿元,同比增长9.5%,连续两年位居全国第一。深圳规模以上工业增加值对GDP增长贡献高达44.7%,其中先进制造业增加值占比为72.1%,同比增长12%。

2019年中共中央、国务院印发的《粤港澳大湾区发展规划纲要》提及"以深圳、东莞为核心在珠江东岸打造具有全球影响力和竞争力的电子信息等世界级先进制造业产业集群"以及"大力发展智能制造装备和产品"。在该纲要的指导下,深圳将着力发展实体经济,为先进制造业迎来更大的发展空间。

4. 开展产能合作,聚集全球创新能量

在"一带一路"建设的背景下,国际产能合作是中国与沿线国家开展更深层面的区域经济合作、发展共赢新格局的重要路径。借助"一带一路"平台,深圳助力企业"走出去",建设重点合作园区,促进科学技术创新与交流,打造深圳国际产能合作人才高地。

深圳对国际产能合作有较完整的规划。深圳加大对外合作重点项目投资力度,支持港口、通信、电力等基础设施项目和生产技术、高端服务、资源开发等关键领域,鼓励企业与"一带一路"沿线国家开展合作,鼓励深圳"明星"企业利用技术优势,主动参与沿线电力产业,支持深圳企业、科研机构在海外布局创新孵化器、研发中心。同时,深圳支持双向开放,鼓励跨国公司在深圳设立研发机构、技术转移机构和科技服务机构,开拓和集聚全球创新能量。在企业"走出去"方面,深圳探索"龙头带队、联合出海"的"走出去"模式,这种新型企业联盟的形成,能提

高深圳企业的海外市场竞争力，发挥产业技术优势，促进生产技术的改进与创新，将出海的深圳企业"拧成"一股强大力量。依托丝绸之路多方合作机制，深圳致力于建设高标准的综合经贸促进平台，重点推进印度尼西亚电子产业园、越南合作区、招商局中白商贸物流园区等重点中外合作园区建设，鼓励支持深圳企业在印度尼西亚、泰国、柬埔寨等沿线国家重点城市共建经贸合作园或产业园，建设深圳企业海外加工、制造与商贸物流基地。

深圳支持第三方服务平台如国际咨询服务机构、"走出去"联盟等机构为企业提供必要的会计、税务、投资咨询、风险评估等服务，降低海外投资风险。政府不断完善"走出去"综合服务体系，为有意向拓展海外市场的深圳企业提供全方位、多角度、准确及时的市场信息与便利快捷的服务，同时加快国际贸易"单一窗口"的建立，加速贸易便利化进程。

5. 进行专项行动计划，引导境外消费回流

国内消费转型升级是满足消费者对高端产品的消费需求、推进供给侧结构性改革的内生动力。2016年，深圳市政府颁布《深圳市培育新兴消费热点工作方案》（以下简称《方案》），引导消费升级和需求升级。深圳在促进消费升级的政策措施中，以做优产品、

深化流通体制改革、发展跨境电子商务等为重点内容，深入推进工业设计、打造深圳标准、培育自主品牌三大专项提升行动计划，降低流通成本，支持本土跨境电商企业的发展，以高质量供给应对市场消费需求的变化。

深圳市全面梳理市民出境购物的重点商品清单，以及国内医院、学校、企业等的重点进口设备和产品清单，深入分析供给侧方面的不足，从薄弱项目出发，引导企业生产高质量的产品，定位高端需求与国际市场。在《方案》中，深圳主张扩大服务消费，重点发展教育、健康、养老、文化、旅游等服务消费领域；鼓励绿色消费，落实新能源汽车购车补贴政策，倡导绿色低碳消费理念；提升品质消费，扩大无人机消费市场，鼓励企业为消费者提供个性化定制服务；构建深港跨境电商生态圈，加强电商监管力度；鼓励创新商业模式和消费模式，发展文化产业，提升在线教育服务。

深圳根据多年的品牌创建经验确立了"标准先行，设计支撑、质量引领、品牌带动、信誉保证"的品牌发展战略，构建了"产品品牌、企业品牌、产业品牌、区域品牌、城市品牌"体系，逐渐形成"一区一品"的发展格局，建成了罗湖黄金珠宝、南山移动电话、龙岗时尚眼镜、龙华时尚服饰产业集聚区4个"全国知名品牌创建示范区",重点培育一批具有国际影响力的工业自主品牌和产业集群区域品牌。

6. 发展电子商务,创新商业模式

深圳积极探索电子商务发展道路,从政策上引导企业运用电子商务技术开发新商业模式,鼓励跨境电商发展,给予电子商务企业资金支持与配套公共服务支持,促进线上线下融合,充分挖掘消费者潜在消费力。2009 年,深圳获批成为国家首个电子商务示范城市,市政府成立专门领导小组推进电子商务发展,从加强顶层设计出发,相继出台了《深圳市互联网产业振兴发展规划》《深圳互联网产业振兴发展政策》等相关政策文件,逐渐建立了电子商务产业扶持体系。深圳市经信委建立电子商务统计体系,委托第三方进行数据收集,收集渠道主要有两个,一是深入企业内部调研,二是从电子商务企业库中提取各企业经营数据。从 2009 年开始,深圳建立电子商务企业库,到现在一共有 2000 多家企业入库,其中 100 多家为重点企业,实行月报制,其他企业实行年报制,通过数据收集,推算电子商务发展情况。

在政策制定方面,深圳市 2014 年单独设立电子商务发展专项基金,2015 年扶持电子商务企业,出台了申请指南,主要针对电子商务土地创新、跨境电子商

务与中小微企业普及和应用。目前，全市一共有9家电商公共服务平台，对平台上的电子商务企业给予奖励。在产业扶持上，深圳市有电子商务示范申报奖励、平台规模奖励和示范奖励，大力推动龙头企业引进，积极促成互联网百强总部机构迁入深圳。

在公共服务方面，从2011年开始，深圳每年举办电子商务大讲堂，为企业提供有关政策宣传，为中小微电商企业提供公益性的知识服务。打造了第三方交易平台，发挥深圳传统产业、优势产业的集聚效应，目前入驻率较高；并且和天猫进行合作，打造深圳天猫馆，于2017年5月开始运营。为保障跨境电子商务发展，深圳建设了跨境电子商务通关平台，帮助跨境电商企业阳光化通关，给予录入平台的企业资金支持。

深圳多措并举引导本土电子商务发展，除引进电商大企业外，着力发展本地垂直型电商平台，目前形成了一批具备国际竞争力的细分型电商企业，如环球易购、斯贝克、麦松旺等。深圳推动电子商务园区建设，目前有3个国家级和5个省级电子商务示范园区，其中最有影响力的是福田国际电子商务产业园。园区的建立产生了良好的集聚效应，在园区内的企业可以享受各种政策扶持与公共服务，小到物业服务、大到政策宣传服务，具有较好的产业氛围。园区内高新技术企业众多，人才集聚效应十分明显。目前，深圳电商发展的明显趋势是越来越多商贸流通企业运用电子商务手段，如天虹商场和一些农产品经营公司。这些成效正是由于深圳建立了开放包容的市场环境，为商业模式创新营造了良好的氛围。

二 完善劳动力市场结构，提升人力资本质量

人才是经济社会发展的首要资源，是推进供给侧结构性改革最为活跃的因素。《深圳市人民政府关于印发〈深圳市供给侧结构性改革总体方案（2016—2018年）〉及五个行动计划的通知》明确提出，发挥人才对创新的支撑引领作用，聚天下英才而用之，激发人才创新创业活力。提高劳动力供给质量，加强"筑巢引凤"力度，培育"工匠精神"，推动劳动力要素结构升级。

（一）健全人才引进机制

1. 实施"孔雀计划"，引进高精尖领域的高素质人才

深圳市着力打造质量型人口红利，引进及培育高端劳动力，发挥人才对创新的支撑引领作用。近年来，

深圳不断增强人才引进力度，不断完善创新环境，通过实施"孔雀计划"，吸引了一大批海外高素质创新型人才。①

以中央实施引进海外高层次人才"千人计划"为引领，深圳市于2011年4月正式实施"孔雀计划"，为海外高层次人才和创新团队提供更多优惠政策服务。该计划的实施为深圳吸引海外人才提供了坚实的政策保障。"孔雀计划"是深圳建设高水平人才队伍，加大创新驱动力量，推动经济转变和产业结构升级的重要政策。

"孔雀计划"创新人才认定方法。为建立更公平、更客观、更有效的人才认定机制，深圳市在"孔雀计划"中创新人才认定方法，以"直接认定"为主，"评审认定"为辅。大部分海外高层次人才可以采用"直接认定"的方法入户深圳，省去了"评审认定"可能带来的人为因素的干扰。这项制度创新为全国首例，不仅便利了来深圳发展的海外高层次人才，也为深圳吸引了更多的高端劳动力。

"孔雀计划"增加了海外人才福利，所有单位的海外人才一律享受同等待遇。考虑到海外人才的特殊需求，"孔雀计划"增加了海外人才居留与出入境便利

---

① 深圳人才工作网：《关于实施引进海外高层次人才"孔雀计划"的意见》（http://www.sztalent.org/node_143934.htm）。

的相关规定，对其外籍配偶以及未成年子女给予更多服务。在医疗和保险待遇方面，提供更高级的市政府保健待遇与社保服务。除此以外，还对子女上学、税收等方面给予政策优惠。

"孔雀计划"不断深入、拓展和完善。从2011年到2014年，深圳认定了616名"孔雀"。由于A类认定标准过高，3年中都无人申请认定，因此在2014年9月，深圳市更新"孔雀计划"标准，将部分海外人才认定门槛降低，对A类人才认定条件从要求申请人创办企业年销售额5亿元以上调整至1亿元，C类人才的认定条件大幅度增加至15项，例如世界知名大学的博士来深圳工作且与用人单位签订5年以上劳动合同即可认定为C类人才。

2. 设立"人才伯乐奖"，发挥社会各界招才引智作用

2017年深圳市颁发《深圳经济特区人才工作条例》，在人才立法方面实现新的突破。该条例创新性地规定了人才工作白皮书制度，定期向社会公布深圳人才引进、人才培养和相关政策情况，并设立"人才伯乐奖"，发挥领军人才招才引智的作用。通过设立"人才伯乐奖"，有效调动了社会各界力量引进专业拔尖、掌握核心技术的产业领军人才。从深圳2017年发布的三批"人才伯乐奖"申领公示名单中可以看出，通过伯乐相才荐才，2017年引进"珠江团队"与"孔雀团队"共13个，各类创新人才72人，其中国家级领军人才3人，"万人计划"2人，院士8人，其他为"孔雀计划"、"千人计划"、地方级领军人才和海外人才。

"人才伯乐奖"鼓励深圳市企事业单位、人才中介组织等引进和举荐人才，激发社会各界招才引智的动力。通过青年人才举荐制度，让领军人物"伯乐相马"，以才引才，多元化、多维度评价人才，深圳以更大力度推出系列供给侧结构性改革政策措施，进一步增强创新优势、激发新动力。根据"人才伯乐奖"的规定，深圳市政府对成功引进两院院士、国家"千人计划"和"万人计划"人才、广东省创新科研团队和领军人才、深圳市国家级领军人才和地方级领军人才、海外高层次A类和B类人才、"孔雀计划"团队的，每引进一人（团队）给予10万—200万元的奖励补贴。

（二）打造"鹏城工匠"与技能大师

随着高端制造、精密制造、智能制造等先进制造业的发展，高级技术工人成为稀缺资源。完善培养载体、创新培养方式与健全培养体系成为提高人才培养质量的关键。深圳着力强化技工教育培训，努力提升劳动者素质，改善人力资本结构，打造一批"鹏城工匠"与技能大师。为了壮大本地技术工人储备、提升技术工人水平，深圳开展"劳动者技能素质提升工程"，推行终身职业技能培训制度；实施"技能精英资助计划""高技能人才海外研修计划"，加快培育国际化技能人才。

1. 劳动力转移就业培训

在培养模式上，深圳加强公共实训基地建设，推行工学结合、校企"旋转门"等技术工人培养模式，开展企业新型学徒制试点，提高技能人才的适用性。企业新型学徒制试点按照"招工即招生、入企即入校、企校双师联合培养"模式，重点考虑战略性新兴产业、未来产业、现代服务业和优势传统产业的企业，主要培养中、高级技术工人，满足社会对人才专业化的需求，政府按一定标准给予企业培训补贴。《关于促进人才优先发展的若干措施》提出，深圳市自2016年起选择100家左右企业开展校企联合培养试点，对就读本市中等职业学校、技工院校的全日制学生给予学费减免，对职业学校、技工院校在读的全日制学生顶岗实习给予相应补贴。

深圳支持劳动力就业培训，对转移就业培训实施费用减免。深圳注重产业导向、能力导向和就业导向，整合现有政策和资源，最大限度发挥培训补贴的激励引导作用。2016年《深圳市职业技能培训补贴目录》，对个人职业技能培训与企业职员技能培训给予培训补贴，细分个人技能类职业资格的补贴栏目多达173项，个人补贴标准最高可达7000元；对企业的岗前培训、新型学徒制培训与技能人才评价三个部分给予相应的补贴。无论是户籍从业人员，还是外来务工者，只要符合条件都可以申请补贴。对个人参加的技能类职业资格培训、专业技能的特殊培训、特种作业培训、特殊设备操作人员培训、职业技能竞赛给予一定资金资助。

深圳重点推进在职劳动者中等职业技术教育，由政府、企业、个人按照一定比例承担学费，给予在职劳动者职业技能培训每人最高1万元补贴。深圳提出自2016年起，未来5年每年职业培训200万人次以上、新增技能人才22万人左右，力争到2020年高技能人才占技能人才的比例达到35%。

深圳的职业院校发展形势良好，生源较充足，有些职业院校的录取分数线甚至比普通高中的还要高。职业院校培养质量逐年提高，历年参加世界级、省级、市级的职业技能比赛的人数庞大，获奖人数也在年年上升。学生和家长不再将普通高等教育作为唯一的教育途径，教育资源得以均衡。深圳职业教育的发展为全国树立了一个很好的榜样。

2. 技能素质提升工程

技能素质提升是深圳人才培育的重点任务。优化职业技能培训机制，推行终身职业技能培训制度是加快培育创新技能型人才，促进经济发展方式转变、推动产业结构优化升级、提高企业竞争力、匹配市场对人才需求的重要内容。

深圳多渠道、多方式、多层次培养技能人才。从"双元制"职业教育培养模式改革，引进国际先进教育模式，增强校企合作，提高高级应用型人才的培育，到分层次建设职业培训基地，重点是技术人员相关工作室、培训基地的建设；从做强做大职业技能竞赛，打造"深圳技能大赛"品牌，带动行业、企业和科研机构、高校开展竞赛等合作交流活动，再到出台"技能精英""鹏城工匠"等技能人才遴选办法，提供各类物质奖励、举办荣誉表彰活动，为技能人才发展打造一个有尊严的社会空间；从加大各类培训补贴支持力度，出台技能培训补贴办法，促使企业和个人自主开展技能培训工作，激励多种形式技能培训工作进行，到实施海外研修计划，分层次、有批次选拔优秀技能人才赴海外学习先进制造的技术工艺，与国际接轨，培养一批具备创新发展潜力的高技能人才。

深圳创新政策措施，为技能型人才参加职业技能培训提供资金支持，激发企业和员工的积极性，发挥技能素质提升工程的作用，重点培育新兴产业和未来产业需要的中、高级技术人员。2016—2017年，深圳市先后出台了多项政策法规，主要关注职业技能培训，例如，《深圳市职业技能培训补贴办法》《深圳市人力资源和社会保障局关于做好本市高校毕业生职业技能培训补贴工作的通知》《关于开展2017年度深圳市职业技能培训券申领发放试点工作的通知》，重点对补贴标准、工种等内容进行了细致规划，促使培训向纵深发展，体现出对人才技能素质提升的高度重视；充分发挥培训补贴作用，为高技能人才提供相对宽松的社会环境和较有潜力的发展空间，从而切实提升企业竞争力。

深圳注重培养具有国际视野和可持续发展能力的高技能青年人才，在2016年11月发布的《深圳市技能精英遴选及资助管理办法》作了具体规定，针对在一线技能岗位有两年以上工作经验、富有创新力、年龄一般不超过35岁的人才进行遴选，分批次送往海外进行学习培养，目标是建立一支具有国际视野并掌握"高、精、尖"技术工艺的青年高技能人才队伍，促进深圳高端制造、精密制造和智能制造队伍的发展壮大。

深圳高度重视提供公益性的技术提升服务，打造深圳市高技能人才公共实训平台，集技能训练、技能鉴定、技能竞赛、技术革新实验、技术交流、技师服务、技能培训成果及职业展示等八大功能为一体，为技术人才提供人性化、公益性服务。并规定"技能精英"完成个人资助项目或统一资助项目后的1年内举办1次以上与资助项目相关的公益性技术讲座，以帮助更多的技术人员学习国际先进技能技术。

3. 人才培养载体建设

人才培养载体建设在培育高层次、高技能、高素质人才中起着最基础、最重要的作用，是带动产学研发展的重要力量。深圳市一直在加大高技能人才的培养力度，以提升素质和职业技能为核心，重点培训对象是高级技工、技师，目标是培育出富有创新力、技能精湛的技术领军人才，然后后续带动整个行业的发展。因此深圳市推出了相关政策推动产业就职人员规模的扩大，例如，在2016年10月深圳市人力资源保障局与财政委员会发布《深圳市高技能人才创新培养计划重点项目实施方案》，该方案主要涉及的三个项目重点都是技能人才培训基地建设，其中分别针对不同层次的人才和企业，适应不同的工作机制，从而形成良好的人才培养体系。

深圳建设该类培训基地逐渐形成"政府主导、社会参与"的指导规划，其中高技能人才培训基地分层次建设包括国家级、省级、市级、区级等。高技能人才培训基地建设主要针对现在的支柱产业、未来的新兴产业、社会经济急需的紧缺行业等进行，其中包括人才评价、高级技能竞赛、课程研发、成果交流等活动，从而促进培养的人才更符合"中国制造 2025"、"互联网+"、智能制造等需求。

高技能人才培训基地建设采用两种模式，包括政府投资建设和公办民办合作建设。政府可以积极地发挥带动作用，例如，在公办学校中建设公共训练基地，在市、区建立高技能人才工作室，形成市、区两级资源分享、功能促进的实训基地网络，同时对表现良好的社会培训机构、行业协会与大型企业给予一定奖励资助。

当前深圳市探索出校企合作的新途径和新模式，例如设立技师工作站，采用名师带徒等方法培育高技能人才。其中技师工作站的设立分为行业协会设立或者企业自行申请建立或者两者结合建设，政府在技师工作站中注入资金援助，其中一级重点项目资助 30 万元，二级重点项目资助 25 万元，三级重点项目资助 20 万元。此外，还有技能大师工作室，这是政府依托社会行业中的高技能大师为指导、开展的大师带徒制度，传承精湛手艺，推广重点技术行业、特色行业技能的网络。对此，政府的资助是一级重点项目资助50万元，二级重点项目资助40万元，三级重点项目资助30万元。

4. 开展技能竞赛，培育工匠精神

深圳积极开展各类技能竞赛活动，通过开展技能竞赛活动，培育工匠精神，营造社会风气；通过开展各行各业的技能大赛，对接产业需求，培养并储备人才；通过接轨国内外大赛，打造深圳职业竞赛品牌，吸引国内外优秀技术人才来深圳发展。深圳以提升职业素质和职业技能为核心，健全完善职业技能竞赛制度、机制和配套政策，充分发挥技能竞赛在发现、选拔和培养优秀技能人才方面的作用，为深圳在高端制造、精密制造、智能制造的发展提供足够人才支撑。

2016年，深圳市优化技能竞赛激励政策，出台了《深圳市优化技能竞赛发展规划（2016—2018）》和《深圳市职业技能竞赛资助资金管理办法》。在技能竞赛的组织构架上，深圳建立职业技能竞赛联席会议制度，由竞赛主管部门、各行业部门、财政部门、行业协会和若干大型企业共同组织统筹职业竞赛的相关政策措施，并且设立深圳市职业技能竞赛委员会，由骨干成员和专家组成，负责竞赛的管理和监督工作。为

强化技术支撑和专业保障,深圳成立职业技能竞赛专家委员会,开展职业技能竞赛的赛制设计、大纲撰写、试题命制、技能点评等工作。

深圳实施"技能竞赛品牌建设工程",充分发挥竞赛的引领和激励作用,营造尊重劳动、崇尚技能、鼓励创造的良好社会风气。在深圳,各类技能竞赛活动蓬勃开展,一大批优秀在职人员和职业院校学生通过参加比赛脱颖而出,成为行业技术能手或技能领军人物,创新型能工巧匠的价值得到了极大的实现。

2017年深圳在职业技能大赛建设中取得较好成绩。深圳首次承办国际级技能大赛——第44届世界技能大赛全国选拔赛暨中国(深圳)国际技能邀请赛,并在大赛中获得1银2铜的优异成绩,实现深圳选手国际"奖牌"的零突破,奖牌数占全国的1/10。2017年深圳新增7名"全国技术能手",24名市高层次人才;新评选出9名"鹏城工匠"和30名"技能精英",以及在技能大赛中脱颖而出2名"工匠之星"与251名"技术能手"。

深圳进一步强化了竞赛的竞争性特征,加大资金补助与物质奖励力度,建立起公平、开放的技能等级认定竞争性机制,使人才选拔质量得到了进一步保障,向社会传导了"工匠精神"。

（三）建立人才评价和流动机制

人才生态工程是现代化人才生态环境的系统工程。一个优良的人才生态环境能让人才流动与人才配置市场化、有序化，人才标准多样化，人才竞争公平化，从而能充分显现人才的价值，让人才有施展才华的空间和机会，能够满足人才在生活与工作上的正常需求，让人才成为企业最重要的资本，保证人力资源最大限度地创造价值与分享价值。总的来说，一个城市要成为创新创业的高地，就必须建立拴心留人的机制，打造一个适宜人才居住与工作的环境，建设一个良好的人才生态圈，这样才能不断培养和吸引大量人才，促进人才聚集和发挥创造力。深圳在人才生态工程的建设上走在全国前列，为深化供给侧结构性改革、加强创新优势打下了坚实的基础。深圳重点从四个方面建设人才生态环境，包括创新人才标准与评价机制、建立人才流动机制、完善人才住房保障与公共服务建设。

1. 创新人才市场化认定与评价机制

深圳市先后出台了《关于促进人才优先发展的若干措施》、"十大人才工程"等人才政策，形成了"促进人才优先发展81条"，其中包括完善相关法律法规建设，例如，2017年8月通过、11月实施的《深圳经济特区人才工作条例》。该条例重点实现了对于人才市场认定机制的突破，促进市场化选聘在企业招聘中的应用。首先是"放权"，对于专业技术资格评定工作，允许行业协会、学术团体等承接；其次还有"松绑""破壁"等，主要针对人才认定标准和专业技术资格人员的审核。

早在2014年，深圳市就进行了简政放权，共有33家社会组织承接57个评委会、114个专业的评审，经过数年的实践改革，也取得了积极的成效。对于政府退出认定程序可能出现的监管问题，深圳市也采取了策略应对，在2016年12月出台了《深圳市社会组织承接职称评定工作监管办法（试行）》，强调监管与扶持两手抓，对于承接考核的职称管理部门要求进行信息共享，促进行业健康发展与职称评定的科学标准化发展。

此外，深圳市建立了青年人才举荐制度，促进行业领军人才能够发挥"伯乐相马"作用。2015年11月，深圳市发布实施《深圳青年创新创业人才选拔扶持实施方案》，从各个领域遴选20名知名企业家、专家、科研学术带头人组建举荐委员会，开展透明化举荐优秀青年人才。

同时，深圳也在探索"自主评价"模式，发挥用人主体"自主评价"作用,并且在科研机构和高新技术企业中开始了试点工作,授权行业领军企业和新型科研机构自主认定高层次人才,并享受相应政策待遇。发挥其他市场要素的"社会评价"作用,积极探索在高层次人才评价标准中引入人力资源服务机构、风险投资机构等市场化评价要素。

深圳的创新做法充分与世界一流地区的创新激励政策"接轨",已经打造出富有特色的、多元化的"深圳人才模式"。

2. 建立健全人才自由流动机制

影响人才合理流动的"壁垒"有户籍、年龄、身份、人事关系等,在供给侧结构性改革的背景下,深圳发布并实施多项政策,促进人口流动机制的完善,促进人才发展政策环境的宽松化,通过实施各种创新"破墙"措施,促进企业、科研机构和高等院校间人员流动,以满足产业结构升级与经济发展对多元化人才的需求,例如,深圳市在2016年、2017年先后出台的《关于促进人才优先发展的若干措施》《深圳经济特区人才工作条例》制定了众多关于促进人才流通渠道的政策。

对于户籍迁入政策,深圳市长期实施宽松化政策,不断加大户籍人口的比重,早在2012年,深圳市已经开始实行大专及以上应届高校毕业生无限制入户深圳，又在2016年相继出台了《深圳市人民政府关于进一步加强和完善人口服务管理的若干意见》《深圳市户籍迁入若干规定》和《深圳市居住登记和居住证办理规定》（"1+2"文件），就是为了放松落户要求和户籍限制，让拥有大专学历的人能够打开深圳的大门，成为深圳人。2018年6月，深圳市在户籍政策上再出大招，应届大学毕业生落户可以个人申办，无须通过用人单位或代理机构申办，并优化申办流程，真正实现"秒批"。

深圳支持科研人员和企业管理人员之间双向流动，重点实施人才流通机制改革，减少对人才的限制。而且《深圳经济特区人才工作条例》第32条明确规定，对于富有创新实践的企业家和科研、技能人才可被选聘为高校、科研单位等单位的兼职教师、研究员。同时也可以到科技型企业进行兼职，发挥特长作用，带动相关产品和服务的创新研发。该条例也明确支持事业单位人员如果获得原单位准许就可以携带自己的科研成果进行创业，而且在规定期限返回原单位，仍可接续计算工龄，并根据个人条件及岗位空缺情况聘用至相应等级岗位。同时在《关于促进人才优先发展的若干措施》中制定了更加具体的支持离岗创业科研人员的相关措施，例如规定离岗创业期限是3年，而且不能超过两期，同时规定在创业期间由原单位代缴单位部分的养老、医疗等社会保险。

"松绑"政策也为其他类型的人才提供了更大的流动空间。《关于促进人才优先发展的若干措施》规定外市事业单位在编高级别人才如果来深圳市创业，可以依托市人事人才服务中心、市科技金融服务中心、市科技开发交流中心等，在5年内按深圳市事业单位编制内管理。《深圳经济特区人才工作条例》第31条和第35条都提出企业或者科研单位应积极引进海外人才，相关部门发布具备境外专业资格的人才在本市执业的目录，而被列入目录内的境外专业人才，可以在深圳执业，提供相关专业服务。

此外，《关于促进人才优先发展的若干措施》还提出对科研人员因公出境实行灵活管理机制，例如在前海蛇口自贸片区试行境外专业人才职业资格准入负面清单制度，推行有利于人才创新的经费审计方式，探索非公有制经济组织和社会组织优秀人才进入党政机关、国有企事业单位的办法等。

（四）完善人才保障体系

1. 提高人才公共服务福利

为提高人才公共服务福利，深圳市出台的人才服务政策众多，包括《关于促进人才优先发展的若干措施》《关于完善人才住房制度的若干措施》《深圳市出国留学人员创业前期费用补贴资金管理办法》等激励措施，有《深圳经济特区人才工作条例》作为法律条例，其中包括各类保障人才服务的有效措施，保障高级人才享有丰富多样的社会服务，打造深圳人才宜居城市。政府各部门分管不同的服务，协同合作，不断扩大人才服务的范围，比如以高层次人才为例，在待遇落实方面就有落户、安居申请、奖励资金发放、学术研修津贴发放以及配偶就业、子女入学等项目，在创新创业服务方面有身份认证、资格审定、专项资助申报以及工商、税务登记等。

在医疗保障体系中，根据《关于促进人才优先发展的若干措施》的相关规定，对国家级、地方级的各类人才实行不同级别的保健待遇，对不愿享受保健待遇的高层次人才，鼓励其购买商业保险以获得足够的医疗保障；在住房上实施人才安居政策，增加供应人才住房；保障子女入学便利化，对于非本市户籍的在深圳工作的高层次人才的子女给予本市户籍学生待遇，在义务教育阶段和高中学习阶段享有和本市户籍学生同等的权利。总之，深圳不断完善人才服务体系，纵向深入人才服务制度的各项改革，增加人才的社会福利。

对海外人才提供多样的社会福利政策，帮助外籍人才来深圳创新创业提供便利化服务，同时强化保护高级人才知识产权，建立人才研修机构，尽可能为其提供优质服务。为在深圳长期工作的高层次外籍人才在缴存、提取住房公积金方面享受市民同等待遇。同时，深圳三级甲等医院特需门诊为外籍人才提供预约诊疗和外语服务，部分医院、诊疗中心还提供国际医疗保险支付网络系统服务。

深圳大力优化人才服务流程，提高人才服务效率。2016年，深圳市政府设立统一的综合服务平台，主要是简化人才服务流程，为高层次人才建立"一卡通"制度，例如，设置"鹏城优才卡"，凭借此卡高层次人才可以直接到综合服务平台或相关部门办理具体相关服务。

2. 完善人才住房保障体系

为完善人才住房保障体系，帮助人才解决基本住房问题，不断完善人才服务体系，让愿意来深圳发展、就业、创业的有志青年具备在深圳安居乐业的条件；深圳市于2015年1月出台《深圳市人才安居办法》，帮助人才能够享受各种住房优惠政策；随后在2016年4月出台的《关于促进人才优先发展的若干措施》也制定了完善人才住房制度的激励政策；同年7月出台的《关于完善人才住房制度的若干措施》，继续加大人才住房的建设和供给力度，分层次、分类别建设人才住房区和住房封闭流转机制、信息共享机制。这些政策的出台和实施为深圳推进供给侧结构性改革，打造创新人才高地，实现深圳创新优势提供了强有力的保障。

人才住房供应有创新思路，深圳提出了从2016年至2021年筹建不少于30万套人才住房，为海外人才和在站博士后等高层次人才提供超过1万套人才公寓租赁房。同时深圳主张利用公共设施上盖及周边用地、房地产开发项目和城市更新与棚户区改造项目配建人才住房，建立人才住房封闭流转机制，保障人才住房供给，培育人才住房租赁市场，实施以租为主、租售补相结合的人才安居工程。

深圳市人才住房优惠政策力度不断加大，根据《关于促进人才优先发展的若干措施》中的规定，高层次杰出人才有三种选择，第一种是600万元奖励补贴；第二种是面积200平方米左右免租10年的住房；第三种是已经选择免租住房的杰出人才如果满足在深圳市全职工作达到10年、做出突出贡献并取得本市户籍，则可无偿获赠所租住房或政府发放1000万元购房补贴。还有其他符合条件的杰出人才，同样能够享受多种形式的补贴福利，也会有两种选择：一种是3年时长、每月 1 万元的租房补贴，另一种是免租入住长达 3 年、最大面积 150 平方米的住房。

人才住房优惠政策适用对象十分广泛，比如为中、初级人才设定的住房优惠政策层出不穷，这些人才可以申请公共租赁住房，而且不受缴纳社保时间的限制，条件较好的用人单位也可以为中、初级人才提供房贷贴息、房租补贴等资金资助，对于一部分达到要求的海外人才，在缴存、提取住房公积金方面提供与市民同等的待遇。

对人才住房建设提供专门的保障，2016 年深圳市注资 1000 亿元成立人才安居集团。作为人才住房建设施工的重要推动者和管理者，人才安居集团主要负责建设筹集、投融资及运营管理等业务，目标是实现人才住房全过程一体化运营。同时深圳市加大市、区财政性资金支持，每年用于人才住房及保障性住房建设不低于土地出让净收益 10% 的资金，并且继续优化相关住房项目的建设审批程序，不断加大简政放权，提高审批效率，推动人才住房项目尽快落地。

三 健全社会服务体系,优化供给结构

优化社会服务供给体系是供给侧结构性改革的重要任务。随着经济快速发展与城镇化推进,更多优质的社会服务资源集聚于大城市,但却不能满足快速增长的城市人口对社会服务的需求,如在教育资源、医疗卫生、交通建设等方面出现需求远大于供给的矛盾。健全社会服务体系的关键在于合理配置政府、市场和社会的供给资源,发挥各自作用,增加社会服务总量、优化服务结构、提升服务质量和品质,从而提高供给结构对需求结构的灵活性与适应性。深圳在优化社会服务供给上,从薄弱环节和主要问题出发,探索政府、市场与社会资源有效配置的创新方式,增加供给总量,丰富供给层次,提升供给质量,满足市民对优质社会服务的需求,增强深圳创新型城市对人才的吸引力,推进供给侧结构性改革进程。

(一)积极推进教育资源的优质化与多元化

1. 加强高等教育顶层设计

由于历史原因,深圳在高校资源上一直处于劣势,与中国其他发达城市相比,存在高等教育结构不合理、高校数量偏少等问题。因此,深圳市先后出台《深圳市推进教育国际化行动计划(2013—2020年)》《深圳市深化教育领域综合改革方案(2015—2020年)》《深圳教育信息化发展规划(2015—2020年)》《关于加快高等教育发展的若干意见》(以下简称《高教意见》)[①]等政策性指导文件,从推进深港澳教育深度合作、引进国内外优质教育资源、促进提升国际化创新型人才的培养、建设多元化国际合作交流平台、不断提升深圳教育的输出能力等,全面深化教育领域综合改革,优化教育资源供给,培育创新型人才,力争将深圳创建为教育现代化先锋城市。《高教意见》明确提出,要进行高等教育供给侧结构性改革,努力使深圳市教育能够对标国际一流水平。集聚各处优质资源,不断深化改革创新力度,促进产学研学深度结合,推进高水平大学和学科建设,形成开放式、创新型高等教育

---

① 深圳政府在线网:《深圳出台加快高等教育发展若干意见》(http://www.sz.gov.cn/cn/xxgk/zfxxgj/zwdt/201610/t20161026_5305448.htm)。

体系，促进高等教育跨越式发展，走出具有深圳特色的高等教育发展新路。

自主办学和合作办学并举。《高教意见》提出着力提升高等教育国际化水平，可与境内外知名高校合作共建特色学院，深圳市政府每年安排不少于10亿元的资助经费，用于支持重点领域的特色学院建设和发展。深圳市政府在开放合作上勇敢踏出一条创新道路，与国内外知名高校合作建设深圳校区与特色学院。合作办学既能得到优秀大学的先进管理模式、优质师资力量与科学教学模式，又能节省时间促进特色学科、优势学科快速发展，弥补高等教育短板，培养创新型人才。"十二五"期间，深圳共有5所高校经教育部批准设立招生，分别为香港中文大学（深圳）、中山大学（深圳）、深圳北理莫斯科大学、哈尔滨工业大学（深圳）与南方科技大学，其中4所是引进合作的。深圳充分发挥港深合作优势，鼓励香港中文大学（深圳）探索境内外合作新经验。由深圳市人民政府、北京理工大学和莫斯科国立罗蒙诺索夫大学三方共同建立的中外合作大学是我国在高等教育领域扩大开放的生动案例。截至2017年12月，深圳已引进17所985大学，1所211大学和6所港校。

注重办学规模与办学质量。每个高校要明确设定符合自己实际的定位目标，实行错位发展，主要是关注本科及研究生层次的教育。为此，深圳提出要在2025年使得高校在校生规模达到25万人。在高等教育改革上，要关注招生制度、学生培养模式与现代大学制度。例如，在创新招生上做得较好的南方科技大学，在招生制度上率先实行"631"模式，即高考成绩占60%、能力测试占30%、高中学业成绩占10%的综合评价录取模式，在全国自主招生高校中推广；同时在国内公办高校率先探索形成党委领导、理事会决策的校长负责制。

创新培养与成果转化并行。深圳发挥企业创新优势，建立和完善高校科研平台开放共享机制，鼓励高校与企业、研究开发机构联合共建实验室和大型仪器设备共享平台。并创新高校绩效评估和考核范围，将开放共享工作也纳入其中，激励高校将重点实验室、工程（技术）中心、大型仪器设备等面向企业和社会开放，让创新资源得到有效利用。并且对高校与企业共建的创新载体申报的科研项目给予政府科技研发资金支持。对高校的科研条件平台和基础研究一直给予稳定的经费支持。高校科技成果转化收益全部留归学校，纳入单位预算。对于高校的成果转化收益，将较大比例分配给相关负责团队人员，剩余比例继续用于技术研究工作，尽力为高校提供资金支持。增强高校科技研发的动力，促进产学研深度结合，真正让高校成为重大创新载体,如哈尔滨工业大学(深圳)目前已经与微软、腾讯、中兴等知名公司建立了多家联合实验室。

2. 建立国际化职业教育体系

深圳推进职业教育供给侧结构性改革,结合深圳产业结构升级与经济发展需求,在办学机制体制、培养模式、产教融合等方面进行创新,重视现代化职业教育体系建设,主动把握"工业4.0"时代的机遇与应对挑战,职业教育创新发展走在全国前列。随着制造业升级与产业结构变化,单纯掌握简单技术的工人逐渐被淘汰,高技术、高素质人才的需求日趋增大,发展职业教育的重要性不言而喻。深圳加强创新职业教育的探索,加强职业教育顶层设计,学习国际先进职业教育理念,创新人才培养模式,加大校企合作。在学科设置上,以先进制造业和急需专业为主,对接深圳支柱产业、战略性新兴产业和未来产业需求。深圳市政府对完善职业教育体系、创新学校管理方式、加强师资力量建设等方面给予了一系列的政策引导与财政支持。

同时,深圳不断推进"双元制"教学模式。早在2013年3月发布的《深圳市人民政府办公厅关于促进职业教育校企合作的意见》中,深圳市就高度重视企业职业教育，促进产教深度融合。随后在 2017 年《深圳市人民政府关于加快建设现代职业教育体系的意见》中，又明确提出扩大推进"双元制"教学模式范围至各类职业院校与应用大学，同时加强与国外院校的合作机制，例如，向"双元制"的起源国德国学习培育高技术人才。在这种教学模式中，企业与学校相互配合，学生需要一边学习理论知识，一边加强实践操作。在这种培养方式下，学生既有扎实的理论基础又具备精湛的操作技能，不仅能满足发展先进制造业对技术人才的需求，也能增加未来成为创新创业型人才的发展潜力。目前，深圳技术大学、深圳职业技术学院、深圳信息职业技术学院等已经开始与德国等职业教育发达国家的合作，加快职业教育国际化步伐。

深圳市加强建设"双师型"教师队伍，打通企业与高校教师流动的"旋转门"。允许院校聘请企业专业技术人员、管理人员、能工巧匠到学校担任兼职教师，逐步实现任教常态化机制。与此同时，深圳也在促进高校教师向一线企业流动，《深圳市人民政府关于加快建设现代职业教育体系的意见》要求每位专业教师 5 年内需要到企业设立的教师实践基地研修，且时间累计不少于 6 个月。

从深圳关于职业教育发展的政策中不难看出，企业在职业教育中发挥着重要作用。从深圳开展职业院校产权制度改革试点，积极探索混合所有制办学，支持领军企业独立举办、联合举办职业院校或二级学院，到鼓励企业人员参与学校行政管理、担任教师及校长，再到社会化运作的校企合作促进平台，企业在整个创新职业教育模式中发挥着十分重要的作用。

3. 完善基础教育保障

首先，不断推动普惠性幼儿园的发展，缓解"入园难、入园贵"的问题，出台了《深圳市供给侧结构性改革补短板惠民生行动计划（2016—2018 年）》《深圳市深化教育领域综合改革方案（2015—2020 年）》，积极推动学前教育的发展，并且在财政经费保障上给予支持。普惠园在调控幼儿园收费、规范提质等方面发挥了积极作用。

其次，扩大中小学学位供给，深圳打出了系列"组合拳"。深圳新改扩建中小学，并通过引进知名基础教育品牌合作办学、加快集团化办学步伐、加大民办教育扶持等多种途径，加大基础教育阶段优质学位供应。以人大附中深圳学校为例，2017 年深圳市政府和人大附中联合承办除北京地区招生的人大附中在外地的第一所中学。深圳通过引进国内知名教育品牌，加速完成高质量基础教育工程建设。名校集团化办学道路是近年来深圳外扩优质教育资源的主要路径，是深圳基础教育工程的创新模式。2003年4月，深圳育才教育集团创立，这是深圳第一所集团化学校，由此南山开启了集团化办学的15年教育探索。从"最早"到"最强"，深圳南山目前已拥有三大教育集团，集团化办学经验日渐成熟。深圳创新名校集团化办学，让强校带动弱校、建新校，产生"1＋1＞2"效应，大大促进了基础教育的快速发展，极大缓解了优质学位的供需矛盾。

最后，加快国际化办学，不断拓展基础教育的办学渠道。2013年深圳市出台了《深圳市推进教育国际化行动计划（2013—2020年）》，具体根据六个方面推动国际化教育进程；随后在2014年出台《关于进一步提升中小学生综合素养的指导意见》，提供了深入提升学生国际素养的行动指南。深圳努力通过推进教育国际化实现教育现代化。深圳也充分利用对外交流的窗口便利，与世界上多个国家建立了不同形式的教育交流合作关系，并且充分发挥独特的区位优势，与港澳教育界合作密切。深圳在2014年举办首届深圳市国际化学校建设推介会，引进了一所外籍人员子女学校在深圳开办招生，并推动十几所学校与国外机构建立交流合作关系。推介会是深圳吸引国外优质教育资源的窗口，是深圳加快国际化基础教育建设的重要方式。在第一届推介会取得良好成效的基础上，深圳于2016年又召开了第二届国际化学校建设推介会。目前,深圳一共有7所外籍人员子女学校,包括深圳蛇口国际学校、蛇口科爱赛国际学校、深圳韩国国际学校等;有中外合作办学的深圳(南山)中加学校;有多所学校获教育部NCCT认证为国际化学校;有课程体系与香港接轨的两所港人子弟学校及9所开设"港籍学生班"的学校;还有十几所民办高中学校开展高中国际课程实验。

在基础教育阶段,创新课程建设,培养学生创新意识与创新兴趣,进行综合素质教育,正是深圳的创新教育探索。在深圳,有不少学校借助社会创新资源,依托深圳本地众多全国知名的创新型企业、科研机构等优势,构建创新型人才联动培养机制,在"教"与"学"上探索,培养学生创新意识与实践能力。华为传奇、"中国制造2025"、3D打印、迪士尼音乐剧等一批"接地气"课程,通过"好课程"选拔,成为受中小学生欢迎的热门课程。2017年,深圳继续对学生小课题、优秀科技社团等进行资助,同时推进创客教育深度发展,例如,深圳中学与腾讯、华为、比亚迪等知名企业共建了创新体验中心,把创客教育融进课堂教学之中;政府投入4500万元建设第二批100个中小学创客实践室,着力解决创客教学与师资等"瓶颈"。

（二）全力推进医疗卫生服务的均衡化与精准化

在推进医疗卫生服务供给侧结构性改革上，深圳市先后出台了《深圳市人民政府关于深化医药卫生体制改革建设卫生强市的实施意见》《深圳市卫生与健康"十三五"规划》《深圳市医疗机构设置规划（2016—2020年）》《深圳市区域卫生规划（2016—2020年）》，从医疗资源供给、医疗资源布局、分级诊疗模式、医学科研资源等多个方面进行了较完善的医疗卫生顶层设计，着力改革医疗体制、优化医疗服务，以各个区为单位，详细部署各项具体任务与目标，改革方法、措施与路径清晰，改革主体和实施单位明确。

深圳市地处粤港澳大湾区和海上丝绸之路战略要冲，医疗服务半径不仅能覆盖整个南中国区域，更能辐射东南亚地区。城市开放包容，市场经济发育较完善，开放创新意识强；医疗资源增量盘子大，结构性改革空间广；旧体制历史包袱轻，制度再塑性强，有利于化短板为优势，纵深推进医改，率先建立中国特色基本医疗卫生制度，推进健康深圳建设，打造医疗高地，建设国际化医疗中心。

1. 优化医疗资源布局

深圳市为优化全市医疗资源布局，积极发挥政府调控和市场调节作用，明确各级各类医疗机构功能定位，目标是能够为全市提供不同层次的医疗服务，合理规划各级各类医疗机构的数量、规模及布局。

深圳实行的医疗资源布局是"区有特色、院有重点"，首先是不断将卫生资源引至基层、薄弱领域。同时依据居民需求结合各级医院的实际床位情况，优化医疗资源配置。其次是积极推动专科资源均衡布局健全全科医疗机构建设。例如，根据各区发展情况，实行差异化医疗资源布局，重点加强现有医疗资源的结构调整和优化利用，强化医疗环境及医疗机构内涵建设。

同时明确各类医疗机构职责。目前全市医疗服务体系主要包括医院、基层医疗机构、急救中心和采供血机构等。而且各类型的医疗机构定位清晰，其中公立医院主要承担医疗卫生机构人才培养、医学科研、医疗教学工作。

当前深圳也在均衡区域医疗中心布局，加大均衡布局区域医疗中心、三级医院与专科综合医院的力度，其中包括在全市范围内建立17个学科门类齐全、卫生装备精良、医疗人才集聚的区域医疗中心，例如，深圳市人民医院、香港大学深圳医院、中山大学附属第七医院等，主要任务就是培养医学人才、进行临床医学研究、解决疑难复杂危重疾病诊疗等，而且支持符合要求的二级医院升级为三级综合医院，鼓励其他二级医院转型为专科医院。

2. 构建分级诊疗模式

国务院印发的《"十三五"深化医药卫生体制改革规划》将分级诊疗制度建设列入了重点工作，明确到2020年基本建立符合国情的分级诊疗制度。分级诊疗制度是解决大医院"门庭若市"、基层医疗机构"门可罗雀"现状的根本途径，是对医疗卫生服务体系、服务模式和就医秩序的一项基础性、长远性、系统性制度设计，贯穿医改各领域，是医疗服务供给侧结构性改革的主线。分级诊疗模式主要从调整医疗资源布局、推动医疗联合体建设、推进家庭医生签约服务和提升基层医疗服务能力等方向入手。通过不断探索，深圳已经初步形成分级诊疗模式。

大型综合性医院与基层医疗机构在本质上都是为民众提供健康服务的，只存在功能与定位的区别。因此，两者之间应该是责任共同体与利益共同体的关系。目前，分级诊疗制度主要存在三大难题，大医院如何割舍普通门诊、居民如何信任基层医疗、双向转诊通道是否畅通。要解决这类问题，就需要经济杠杆与政策杠杆双管齐下。经济杠杆与政策杠杆是深化分级诊疗改革必不可少的两个手段。所谓经济杠杆是指在就医定价机制、医保体系上的改革，只有拉开大医院就诊与基层诊所就诊的价格差距才能有效刺激患者自愿向基层医疗机构求医。政策杠杆则主要指政府出台相关政策措施，有效下沉医疗资源，建立合适的分级诊疗制度，增强民众的信任感。深圳不断完善分级诊疗引导保障机制，在财政补助上，建立起"以事定费、购买服务、专项补助"机制，完善分级收费和医保结余奖励机制，并且合理增加基层医疗卫生机构补助资金、提高医保报销比例，拉开三级医院与基层医疗卫生服务机构的收费差距；完善健康保障服务机制，建立家庭医生、医养融合、康复护理、老年病、临终关怀等服务激励机制。在探索分级诊治制度建设上，深圳创新推动以"区域医疗中心和基层医疗集团"为主要框架的医疗体系，并得到国家层面的支持和推广。

罗湖区是深圳探索分级诊治模式的首发站，该区以"强基层、促健康"为医改目标，以建设大型医疗集团为抓手，转变医疗保险支付方式、办医方向和就医模式，形成了"基层为重点"、"健康为导向"、医保基金"总额管理、结余奖励"为核心的医共体的改革模式。罗湖区医疗改革的成功归结于以下几点：首先在定位上，医疗保健的定位十分准确。社区健康服务中心主要承接大医院的小病患者,居民有序就诊;综合性医院治疗大病患者,解决疑难杂症,居民合理就诊。医疗机构层次鲜明、职责明确,有效缓解了医疗资源分配不均的问题,缓解了大医院的拥挤程度。其次在医疗资源上,罗湖医疗集团加大力度下沉优质医疗资源。在改革以后,罗湖医疗集团向社区健康服务中心下沉的医务人员增加35%,社区健康服务中心诊疗量增长95.6%。同时积极组建家庭医生服务团队,高薪招聘优秀全科医生,为居民提供更加优质的服务。最后在就医成本上,罗湖区实现医院运营成本和居民就医成本"双下降"。"上下贯通、防治结合"正是罗湖医疗综合卫生服务体系的体现。2017年9月1日,由国家卫生计生委、国务院医改办于深圳市召开的全国医联体建设现场推进会上,"罗湖模式"受到高度评价,医联体建设经验被推广至全国。

分级诊疗制度实施的关键点不仅在于确定各级医疗机构的准确定位,还需积极下沉医疗资源,为基层医疗机构匹配高技能的医务人员,让群众愿意信赖基层医生。目前,深圳市属医院已普遍设置了全科医学科,实现对基层医院的转诊转介对接、全科医生培训支持等。各大综合或专业医院结合自身学科优势,积极促进专科联盟成立;目前已成立了心血管、眼外伤、康复、脑卒中、胸痛、精神卫生、儿科7个专科联盟。

以儿科医疗联盟为例,积极构建分级诊治制度,全面实行号源共享、双向转诊、技术支持、远程会诊等机制,借助发达的互联网技术,合理分配医疗资源,提高基层医院具备诊治儿童普通疾病和常见病的能力。深圳积极探索"互联网技术+基地网络医院"模式。目前,已经在脑血管、心血管两大质控中心采取这种模式,并联合制作了国内第一个心脑联合救治的溶栓地图,初步形成了覆盖全市2000万人口的卒中和心梗联合救治网。

3. 整合优质医学科研资源

引进国内外优质资源仍然是深圳快速提升医疗水平的重要路径。深圳加强与境内外医院合作,有利于依托合作院校的知名临床专科与较强的医教研综合实力,提升医疗技术水平,通过合作办学,培养一批骨干医疗技术人才,建设一批知名的医疗学科团队。例如,合作建设香港大学深圳医院后,香港大学器官移植、肿瘤综合治疗、骨科与创伤、心血管等优势医疗专科和部分相关学科的技术骨干也同步引进深圳。深圳新建医院均与知名院校合作,院校的医教研及品牌支撑作用较强,良好的职业发展空间也为深圳吸引高水平医疗人才增添一项优势。通过这种合作办医的方式,深圳快速建立了一批高技术、高水平的医疗机构,为民众提供了高水平的就医服务。

"三名工程"是深圳市实施医疗卫生改革的措施,"三名"就是名医、名医院、名诊所,不断向全球追踪引进前沿学科发展方向,以高精尖为导向,引进肿瘤、儿科、心脑血管、胸科、骨科、糖尿病、精神卫生、口腔、耳鼻咽喉等专业的高水平医学学科团队。通过这样的措施,深圳市加快打造医疗优势学科步伐,填补了医疗专科空白,进而使得各医院各学科都有一个完整的团队,然后通过引进、交流与人才培养,让医疗团队的水平整体上升,提高医疗技术水平,进而实现优化医疗改革的目标。自实施"三名工程"项目以来,截至2017年,已经有173个高层次医学团队扎根深圳。其中,仅2017年,深圳就引进了100个"三名工程"医学团队。同时为引进医疗领域高级人才,深圳市利用整合性引进和柔性引进的方式,建立团队培养模式,采用灵活薪酬机制,减少政策阻碍。

(三) 大力推进道路、物流与网络的畅通化与效率化

推动互联互通建设,增强城市竞争力。更畅通的道路、更便捷的物流与更及时的网络是拓展城市发展空间,提升城市综合管理能力的重要组成部分。基础

设施的完善为新商业形态和新产业结构挖掘发展潜能，人们生活质量的提升和企业效益的增加也得益于先进的城市基础设施。作为粤港澳大湾区中的创新城市，深圳发挥其固有基础设施优势，以国际视野和国际标准，在城市道路管理、物流与网络信息等方面加快城市基础设施供给侧结构性改革，提升城市基础设施的装备水平和服务质量，增强城市韧性，为建设现代化国际化创新型的深圳提供高效能的城市基础设施保障。

1. 改造城市路网系统

随着城市化进程加快，机动车保有量逐年增加，城市现有道路资源难以满足交通需求的急剧膨胀，交通问题日益凸显。城市路网系统的构建与完善对城市发展尤为重要，公共道路为经济社会发展和民众生产生活提供无差异的普遍公共服务，承载着整个城市的交通运行，保障经济社会顺畅运转，打通城市微循环；也是促进区域发展的基础性和保障性的公共交通资源。《深圳市供给侧结构性改革总体方案（2016—2018）》提出进一步完善城市路网建设，加快重点区域与周边地区道路建设，推动片区城市主、次干道及支路打包实施，打通交通微循环，开展疏港跨界货运交通通道研究，进一步优化完善全市道路交通网络，推进特区一体化建设。

深圳不断完善城市路网一体化管理机制。通过在2009年大部制机构改革中对体制和制度的安排设计，深圳将公路、城市道路体系进行整合，初步构建起了一体化城市公共路网体系。在行政管理体制上，2009年，中央编办批复的《深圳市人民政府机构改革方案》明确整合原深圳市多个交通系统里的部门如市交通局、市公路局、城市交通综合治理小组等，统一划入新设立的交通运输委员会，由其负责城市交通道路的规划、设计、管理等职能。同时，改革相应人事制度。由此，深圳形成精简化的行政层级，缩短了管理链条，初步完成城市路网管理的一体化统筹。在2011年的《深圳经济特区道路交通安全管理条例》中，更加明确各交通部门与交警部门的主要职责，完善在道路规划、施工、管理和交通拥堵治理等方面的统筹协调。

随着机动车数量的不断增加，深圳市不断提高对于城市车辆管理的技术要求。2015年4月29日，深圳市第五届人大常委会第三十九次会议审议通过了《深圳经济特区道路交通安全管理条例修正案》，规定了机动车实行安装电子标识要求。由于现在城市智能交通管理的需求在不断加大，安装电子标识有助于科学管理城市。为机动车配发电子标识是公安部在全国推行的加强机动车管理的一项重要措施，并明确将深圳列入第一批试点城市。电子标识和现有交通管理技术配合使用，可以将车辆识别的准确率大幅度提升至接近100%。因此，电子标识也被定位为车辆的"电子身份证"。实行这项措施，能够提升交通管理效率，更有效地调配交通资源。

2. 建立物流技术的创新试点

电子商务行业飞速发展，对物流速度的要求也随之上升。现阶段，物流已经成为电子商务企业的核心竞争力，如供应链速度、客户物流体验等。深圳作为全国首个电子商务城市，具有良好的区位优势，以建设国家物流枢纽中心城市为目标，支持现代物流业发展。在物流业供给侧的改革开放中，深圳提出发挥综合保税区功能、政策和平台优势，安排现代物流业发展专项资金，促进现代物流业发展；加快推进物流标准化试点，加强物流设施设备、信息平台和服务规范标准化体系建设；支持物流行业技术创新，建设托盘公用系统，提高物流运行信息化、智能化水平，完善全市物流综合服务网络。

港口和航空物流是现代物流产业的重要组成部分，同城市经济增长有较密切的联系。深圳港口物流有3个保税区与1个出口加工区，保税仓与监管仓面积超过200万平方米。深圳有港口泊位159个，其中万吨级以上泊位68个，近远洋国际集装箱班轮航线168条，航线覆盖世界12大航区主要港口。深圳机场还是国内唯一拥有码头的机场，能真正实现海陆空无缝对接，这大大增加了其物流业务的独特竞争力。随着港口和航空物流的发展，深圳正在向国际物流枢纽中心城市迈进。

深圳支持物流行业技术创新，鼓励先进运输组织方式创新，扶持甩挂运输、多式联运等先进运输方式发展。建设托盘公用系统，实现配送商品一贯化运输和托盘循环使用；建设物流公共信息平台，提高物流运行信息化、智能化水平，对经认定的全市性物流公共信息服务平台项目予以资助。

3. 完善信息基础设施

深圳是国家首批"宽带中国"示范城市，具备较高的城市信息化程度、充足的创新要素与开放自由的市场环境，推进信息基础设施供给侧改革是为深圳建设全国领先的"智慧城市"铺好道路。深圳加强顶层设计，发布《深圳市人民政府办公厅关于加快推进信息基础设施建设的通知》《深圳市2016年加快推进信息基础设施建设实施方案》《深圳市信息化发展"十三五"规划》等政策文件，设立专项资金，发布《深圳市信息基础设施建设专项经费操作规程》。

在《深圳市人民政府办公厅关于加快推进信息基础设施建设的通知》中，深圳提出以光纤网络、移动通信基站和公共场所无线局域网（WLAN）建设为信息基础设施工作重点。

深圳加快推进光纤网络建设。由市规划国土委、市住房建设局和通信管理局三个部门协同负责推进光纤到户建设，在规划审核环节、勘察设计和施工图审查环节、工程质量监督环节和竣工验收备案环节严格把关，落实光纤到户国家标准；由各区政府、市经贸信息委、通信管理局和各通信企业开展既有住宅区和住宅建筑、商业建筑及办公楼宇的光纤到户改造工作，开展宽带网络资源普查、编制光纤到户改造计划和探索光纤到户改造模式创新，并开展光纤到户示范工程，要求通信企业落实出台城市光纤用户免费提速到50Mbps等优惠措施，并鼓励通信企业出台免费提速、降低网费等优惠措施。

深圳推进移动通信基站建设。从两方面进行，一是基站选址便利化，深圳市交通运输委、城管局、公安局、通信管理局和经贸信息委协调基站选址，依托公路、铁路等交通基础设施，利用路灯杆、监控等基础设施，完善和推进4G网络规模化建设；二是创新基站台站设置审批制度改革，转变审批方式为整体审批和运营企业自主备案，简化审批手续、降低备案门槛，建设并应用基站台站设置自助备案系统，提高报备效率。

深圳加快城市公共场所WLAN全覆盖。在《深圳市供给侧结构性改革补短板惠民生行动计划（2016—2018年）》中，深圳提出开展新一代信息基础设施工程，提高家庭宽带用户光纤接入能力和公共区域WLAN网络信号全覆盖。WLAN建设以"政府主导、商业运营"模式进行，探索由有资质的企业承担免费WLAN的市场化运营模式，建设宽带网络及管道、光缆、基站，推动人流密集的公益性公共场所WLAN全覆盖。深圳加强公益性公共场所免费WLAN网络服务质量检测，改善服务质量，整改服务质量不达标的WLAN热点，在公交、地铁等场所提供优质WLAN网络。2016年10月9日，深圳启动全市公益性公共场所免费WLAN统一认证平台，采用SZ-WLAN（free）认证方式，在安全性能上具有强大的防钓鱼、防病毒入侵的功能，实现公共场所WLAN网络统一规范管理。

深圳市是国内最早建立互联网基础设施的城市之一。据《深圳市信息化发展"十三五"规划》显示，深圳2016年互联网普及率达83.7%；全市城域网出口带宽超过3560千兆比特/秒（Gbps），IPv6固定宽带接入端口覆盖率达62%，光纤覆盖用户超过450万户，家庭宽带普及率达85.2%；LTE基站超过两万个，实现城区4G网络全覆盖,公共场所免费WLAN覆盖率超过90%;率先完成"全城全网"有线电视双向改造和数字化整体转换;国家超级计算深圳中心(深圳云计算中心)建成投入使用,运算速度达到1271万亿次/秒。

深圳加快建设"智慧城市"步伐,推动城市信息化发展。从正式启动全市公共场所无线局域网统一认证平台到成立智慧点(智慧路灯)产业联盟,深圳正在向建设全国示范性智慧城市的目标迈进。智慧路灯工程是深圳打造"智慧城市"的第一步,智慧点(智慧路灯)既是4G/5G微基站的载体,同时也是智慧城市的感知单元。《深圳市智慧点(智慧路灯)建设标准》提出智慧点是以智慧路灯为基础,结合4G/5G微基站、WIFI设备、传感器、视频监控、RFID、公共广播、智能照明、信息发布、充电桩等多功能模块,组建智能感知网络,以更便捷、更节省成本的建网方式让政府实现城市管理智能化。

深圳市公共WLAN及智慧点产业联盟的成立为深圳扩大信息基础设施建设,营造了良好的信息基础设施发展环境。

四　优化用地结构，开辟土地供给空间

　　土地制度改革是供给侧结构性改革的重点内容，合理的土地制度可以促使生产要素有效配置，优化公共产品供给，促进经济社会发展方式转变，起到宏观与微观的调控管理功能。随着城镇化速度加快，一线城市面临着较严峻的去库存化压力，一方面，空置的房屋数量较多；另一方面，住房保持高价态势，普通民众难以承受，亟须提高住房有效供给。政府需进一步改善建筑业市场环境，激发企业活力，打造诚信规范的房地产体系，提高房屋的建造水平，实现建筑业低碳化、绿色化，引导房地产市场健康合理地发展，深入推进房地产行业供给侧结构性改革。

　　深圳依照国家新型城镇化建设和深化住房制度改革的要求，以供给侧结构性改革为主线，以问题为导向，加强土地空间开发的统筹规划，进一步拓展城市发展空间；加大土地制度改革力度，多渠道提高土地供给，扩大居民住房与产业用地有效供给。在住房建设领域上，推行四项改革。一是加大改革力度，在住房有效供给上，以健全完善人才住房和保障性住房制度为突破口，探索通过多渠道建设筹集人才住房和保障性住房，缓解土地资源约束，充分利用棚改政策和城市更新推进人才和保障房建设；二是深入推进建筑业"放管服"改革，提升从业人员素质，激发市场活力，优化市场环境，对不良商业行为加强监管，打造诚信规范、竞争有序的建筑市场体系；三是发扬设计之都的精神，加快"深圳建造"品牌，探索做大做强做优建筑企业的政策措施，重点培育一批在全国范围内具有核心竞争力的龙头企业；四是深化强区放权改革，推进基本住房改革、渣土收纳场、房屋安全、物业管理属地管理责任，确保"放得下、接得住、管得好"。

（一）坚持土地集约发展的道路

深圳房地产市场的发展始于1987年，以招标、协议、公开拍卖的方式有偿出让土地使用权，迈开了中国土地使用权和所有权分离的第一步，通过这种方式深圳让土地资源成为土地资本，这也是深圳房地产市场化发展的第一步。随着中国经济步入快速发展时期，深圳经济总量和人口规模迅速增长,房地产市场发展也从稚嫩走向成熟,逐渐涌现一批如万科、恒大、保利等优秀的房地产开发龙头企业,其中万科、恒大发展为世界500强企业。由于土地资源稀缺,深圳比大多数城市更早遇到土地制约发展的问题,在现代城市建设和发展中,深圳进行了一系列改革与创新,值得全国其他城市借鉴。

1. 盘活土地存量,保障住宅用地供给

深圳是全国人口密集度最高的城市之一,空间资源紧缺迫使深圳在土地资源节约、集约利用上探索一条可持续发展的创新之路。由于毗邻香港,深圳在城市建设上采用了类似模式。21世纪的前10年是深圳住宅市场发展的黄金期。这10年中,深圳的住宅硬件体系(包括住宅产品体系、档次划分等)和住宅软件体系(包括社区服务、物业、智能化设施等)形成了一套成体系的标准。如今,深圳住宅市场可以为客户提供多样化产品和服务,满足客户个性化需求。

然而,由于深圳人口数量日益庞大,土地稀缺性矛盾逐渐突显,2013年以来,每年土地成交面积、住宅开工和竣工面积都在不同程度上下降。但是,强劲的住房刚性需求却呈现出强势上涨趋势,因此深圳的住宅价格不断上行,从住宅租赁市场不断上涨的租金就可以看

出。可见，深圳住宅市场的价格主要受供需关系的影响。但是，随着中央出台的一系列房地产调控政策，政策逐渐取代市场成了住宅市场价格的主要影响因素。

2016年，深圳市发布《关于进一步促进我市房地产市场平稳健康发展的若干措施》，[①] 提出增加房屋有效供给、增加普通住房公积金、实行限购政策、商品住房用地购置资金管理的一些具体操作方法。2017年，深圳坚持"房子是用来住的，不是用来炒的"定位，开展房地产调控，优化居住用地出让方式，加强住房价格管控，加大市场秩序整治力度，新建商品住宅价格自2016年10月以来连续下降。除了加大房屋有效供给外，深圳出台加快住房租赁市场发展的系列政策，通过鼓励规模化租赁、拓宽租赁住房供应渠道。

2017年，深圳土地总供应量为9.3平方千米，地价总收入共计1094亿元，已批用地供地率达到87.3%，为历年来最高，位居全省第一。深圳住宅用地加速供应，2017年出让、公告商品住宅用地7.4公顷，其中4宗为"只租不售、全年期自持"的居住用地；保障性住房用地供应49.4公顷，建设保障性住房和人才住房3.5万套，只花了两年就超额完成了"十

[①] 深圳政府在线网：《深圳市人民政府办公厅转发市规划国土委等单位〈关于进一步促进我市房地产市场平稳健康发展的若干措施〉的通知》（http://www.sz.gov.cn/zfgb/2016/gb975/201610/t20161018_4994787.htm）。

三五"制定的供应任务。深圳进一步开展"拓展空间保障发展"十大专项行动，2017年盘活清理28平方千米存量用地，超额完成多项任务，其中，盘活整备12.2平方千米土地，清退9平方千米建设用地，清理2.5平方千米储备土地，城市更新计划供应2.6平方千米土地，处置2.2平方千米闲置土地。通过规划工业区块线，2017年出让工业和商服用地126.5公顷，综合整治旧工业区建筑面积116万平方米，重点完成了中国电子、中兴通讯、恒大集团等一批总部项目。

2. 房地产市场调控成效显著

从图4-1中可以看出，深圳市土地出让面积和成交面积在2013年到2017年有较大起伏，土地出让宗数保持一路下跌，从2013年的70宗到2017年的45宗，然而成交宗数呈现波动，从2015年开始成交宗数由60宗下降到2017年的42宗，2017年比上年同期下降46.77%。土地成交面积从2013年的175.22万平方米，下降到2015年的129.24万平方米，而2016年又上升至224.15万平方米，同比增长73.43%，但2017年又大幅度下降，跌至119.31万平方米，同比下降46.77%。

同样，深圳土地出让价格也呈现波动走向，而成交价格却接连攀升。2014年土地出让价格均价为

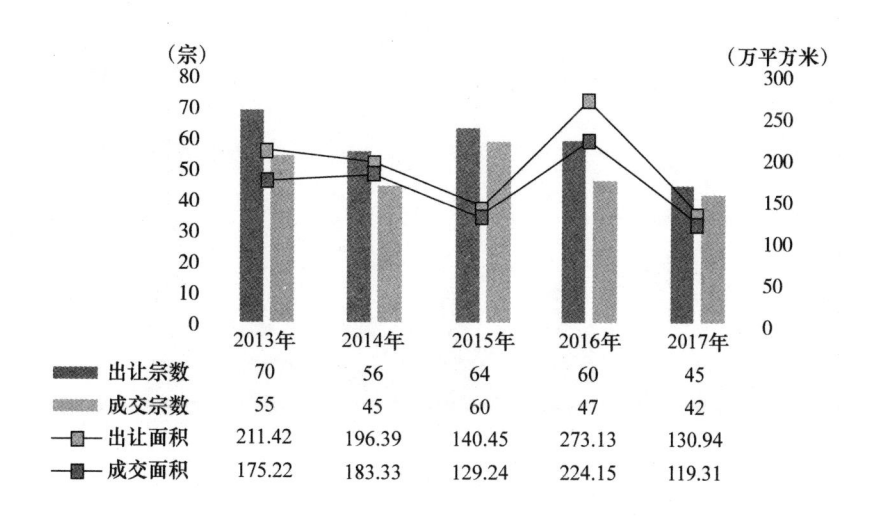

	2013年	2014年	2015年	2016年	2017年
出让宗数	70	56	64	60	45
成交宗数	55	45	60	47	42
出让面积	211.42	196.39	140.45	273.13	130.94
成交面积	175.22	183.33	129.24	224.15	119.31

图 4–1 深圳 2013—2017 年土地出让与成交情况

15680 元/平方米，是 5 年中的最低谷，到 2017 年出让均价上升至 58130 元/平方米。在成交地价方面则基本处于稳步上升状态，这与近几年深圳经济总量和人口数量上升有密切关系，土地资源紧缺度上升。成交价从 2013 年的 27783 元/平方米，上升到 2017 年的 63820 元/平方米（详见图 4–2）。

土地溢价率是由土地拍卖价高于土地原始成本的比例中计算得来，可以反映房地产商对房价走势的判断，是分析房地产市场发展的一个重要指标。而从土地溢价率的快速下跌走向中，可以看出深圳房地产市场调控政策起到了较明显成效，房地产市场正在稳定发展。

深圳一直以来注重土地用地规划，坚持走土地资

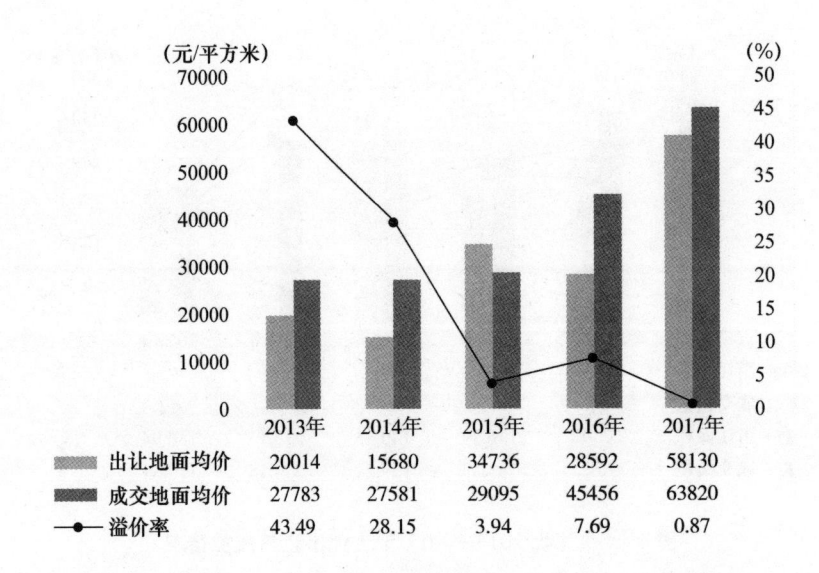

	2013年	2014年	2015年	2016年	2017年
出让地面均价	20014	15680	34736	28592	58130
成交地面均价	27783	27581	29095	45456	63820
溢价率	43.49	28.15	3.94	7.69	0.87

图4-2 深圳2013—2017年土地出让价格与土地成交价格情况

源节约、集约发展道路。深圳共经历了两次土地制度改革，从1992年在特区内开始统征土地，一次性征完并进行土地集约开发，逐步实现关内无农村，再到2004年的统转，最终实现土地全部国有化。如今，在已经高度开发的土地资源上，深圳着力进行城市二次更新，将老旧建筑、工业区等拆除，重新修建，社会、政府与市场共同发力、共同受益。除了地表土地空间开发外，"地下深圳"即深圳创新土地契约，开展地下资源有偿出让，更是体现土地资源的综合开发与合理利用的特点。由于城市土地资源供需矛盾日益严重，地下空间的开发日益重要，综合并合理利用地下地上空间成为城市发展的必然趋势。深圳已经在土地开发统筹规划和集约化发展上走在了全国前列。

（二）深入推进住房制度改革

为贯彻落实党的十九大关于住房工作的新部署与新要求，深圳市起草住房制度改革"1+N"文件，加快完善租购并举的住房制度。《深圳市住房保障发展"十三五"规划》与《深圳市建设事业发展"十三五"规划》明确提出，政府要实施"东进战略"，优化布局，加强住房有效供给。抓好新增土地供应和城市更新，创新土地出让方式，重点建设地铁沿线和原特区外各类住房，落实人才优先发展政策，鼓励社会力量参与人才住房建设，制定棚户区改造实施方案，促进住房租赁市场发展，建立完善租购并举的住房制度。

1. 多种方式提高住房有效供给

深圳以人才住房与保障性住房为切入点，进行人才安居与基本住房保障的"双轨制"设计，多渠道建设筹集人才住房和保障性住房，统筹优化房屋布局，提高住房有效供给。从2016年开始先后印发了《关于完善人才住房制度的若干措施》《深圳市政府购买棚户区改造服务管理办法》《深圳市棚户区改造项目界定标准》《深圳市保障性住房收购操作规程》等配套文件。

为加大人才住房和保障性住房筹集建设力度,深圳坚持"政府主导、社会参与、资源共享、融合发展"的方式,一共打通9类15种渠道进行住房筹集。从新增用地建设、城市更新配建、工业用地改保障房用地建设、棚户区改造、公共设施配建、社会存量用地建设、筹集社会存量住房(含租赁、购买)、产业园区配建、城际合作开发这9类方式中,细致规划了人才住房和保障性住房的具体配建比例。

棚户区改造与城市更新配建是深圳破解住房保障土地瓶颈的重要渠道。棚户区改造已经被国务院确定成为"稳增长、调结构、惠民生"的重要抓手。深圳市致力打造具有深圳特色的棚户区改造体系模式。通过《深圳市人民政府关于加强棚户区改造工作的实施意见》对老旧住宅区进行棚户区改造工作,棚户区改造搬迁安置补偿采取货币补偿、产权调换以及货币补偿和产权调换相结合等方式,由棚改区产权所有人自愿选择。

城市更新配建及商品房配建已成为深圳市人才住房和保障性住房建设筹集的主要途径之一。深圳创新配建方式,包括集中配建和分散配建。集中配建便于管理,也是全国各个城市采用的方式。而深圳市创造性地提出分散配建方式,打破了以往的传统模式,可以有效地解决集中配建所容易产生的问题,包括位置过于偏远、材料不统一、被隔离等。

深圳市加大人才安居工程，实施人才优先发展战略。2016年9月发布的《关于完善人才住房制度的若干措施》提出，建立人才住房封闭流转机制，实行全市人才住房信息共享，实现人才住房可持续发展。规定人才住房在原则上不得转变为市场商品房上市流转，需要转让人才住房的，应由原配售单位或政府依法回购，或转让给符合购买条件的其他人才。由此一来，既避免了想通过流转人才住房牟取暴利的行为，又确保了人才住房总量只增不减、合理稳定的状态，有效落实人才安居工程。

深圳合理布局人才住房和保障性住房类型。对接"粤港澳大湾区战略""自贸区战略""东进战略"等城市发展战略，加快推进原特区内产业和人口向原特区外转移，均衡各个区域之间的资源配套水平，提高原特区外的土地资源价值。

在进一步深化人才住房和保障性住房开发建设的市场化改革方面，深圳推行工程总承包（EPC）、积极引入政府与企业合作模式（PPP）（含建设—移交BT、建设—运营—移交BOT、房地产信托基金REITs等模式）、鼓励有条件的企业和原农村集体经济组织继受单位（村股份公司）参与人才住房和保障性住房建设和运营、人才住房统一实行企业化建设运营模式，坚持市场化的开发建设模式,加大流程简化等政策优惠力度,充分调动社会力量参与人才住房和保障性住房建设的积极性,实现保障性住房项目开发建设模式的多元化、专业化、市场化。

2018年6月5日,深圳市公布《关于深化住房制度改革加快建立多主体供给多渠道保障租购并举的住房供应与保障体系的意见(征求意见稿)》,明确了面向未来(2018—2035年)的住房发展目标,计划未来18年提供170万套住房。深圳市是第一个发布2035年住房规划的城市,其中最引人关注的是住房供应体系变化,今后深圳将形成"商品住房+政策性支持住房+公共租赁住房"三大住房来源,商品住房将只占到深圳住房供应量的40%左右,价格继续受宏观调控的限制。

2. 多渠道降低商品房建设成本

深圳深入开展建筑业"放管服"改革,切实降低房地产开发和交易成本,全面清理房地产开发和交易过程中的行政事业性收费,鼓励房地产行业运用互联网等现代信息技术升级建筑和开展服务,鼓励企业增强实力、降低成本,提高生产力水平。

大幅度缩短审批时间,降低制度成本。深圳市住房建设局积极落实《广东省人民政府2012年行政审批制度改革事项目录》中的相关规定,从2018年3月开始,组织开展建设项目审批制度的改革,经过100天的改革,大幅度缩短了审批时间:建设项目审批时间从立项开始到施工许可办理完成不超过90天;政府投资建设项目从立项到施工许可办理完成,房建类项目审批时间控制在85个工作日以内;市政线性项目审批时间控制在90个工作日以内。

奖励装配式住宅,提高住宅建设的效率和质量。深圳相继出台了《关于加快推进装配式建筑的通知》《深圳市装配式建筑项目建筑面积奖励实施细则》等政策文件,对装配式住宅建设给予一定资金奖励,促进装配式建筑住宅项目发展,提高住宅建设的效率和质量,实现住宅建设领域节能减排。

实施"互联网+建筑",降低企业运营成本。深圳推动建筑工业化与信息化融合发展,鼓励企业加大BIM、建筑物联网平台、智能化技术、虚拟仿真技术、管理系统等信息技术的研发、应用和推广力度,推动建筑工业化率先实现设计数字化、生产自动化、管理网络化、运营智能化、商务电子化、服务定制化及全流程集成创新,提高全产业链信息交互效率、综合管理水平及运营服务能力。

3. 多部门共建房地产诚信体系

按照《深圳市供给侧结构性改革总体方案(2016—

2018年)》的要求，建设房地产行业诚信体系，建立行业守信激励和失信惩戒机制；推动规划国土、金融、税收、工商等多部门诚信信息联网，形成监管合力，实现行政监管与行业自律的联动；坚决打击和查处虚假"日光盘""捂盘惜售""阴阳合同"等违法违规行为；加强对金融机构涉房业务的风险排查，防范房地产金融风险，规范市场秩序是推动房地产市场健康平稳发展的主要措施。

建立房地产行业诚信系统，方便市民查询房地产行业内企业和机构的诚信状况。促使企业优化自身行为，强化诚信建设。深圳市规划国土委官方网站正式运行深圳市房地产行业诚信系统，市民和企业可以查询全市房地产开发企业、中介机构和估价机构的诚信状态、基本资料、良好行为和不良行为、违规曝光等内容，掌握房地产行业内企业和机构的诚信状况。该系统对企业诚信状况分为四档，分别为诚信（优质）、诚信、预警和失信。如果企业有违建行为，导致诚信状况为预警或者失信，那么该企业在进行业务拓展、银行信贷、政府采购等各方面会受到诸多限制。而诚信状况良好的企业则在用地审批、资质审核等方面，享受"绿色通道"。

不断加强建筑市场主体诚信体系建设，借助互联网加强建筑市场治理。将注册执业人员、劳务队长、班组长纳入建筑市场主体诚信体系,将企业和从业人员信用评价结果与资质审批、施工许可等审批审核事项相关联,运用信用手段加大监管力度。

4. 多种手段改善居民居住条件

在增加土地供给和提升住房保障的同时,深圳市着力从多个方面完善公共服务配套建设,为居民打造更加舒适的居住条件,保障人们对住房的基本服务需求得到满足。深圳推进宜居城市建设,增强城市吸引力和竞争力,从提升供给质量上深入推进建筑业供给侧结构性改革。

以交通为先导完善配套,加强特区一体化。按照珠江三角洲城镇群协调发展要求,加强与东莞、惠州及珠三角各地轨道交通网规划协调,增加站点接驳;引导原特区外重点区域与莞惠临深区域进行配套完善与功能整合,重点对原特区外居住片区和辐射相邻城市的新区,完善交通等公共服务配套设施,推进原特区内外、深莞惠都市圈范围内的产城融合和职住平衡。

加强"绿色社区""智慧社区"建设。为社区居民提供健康、舒适、低耗、安全的高品质生活空间,鼓励大型房地产开发项目按照绿色建筑标准进行规划、建设和运营。深圳市绿色建筑规模和密度继续位居全国前列。

全面推进"智慧住建"建设。鼓励休闲地产、文化地产、养老地产等跨界地产发展,推动房地产行业向城市综合运营服务转型发展,鼓励房地产企业运用互联网等现代信息技术升级建筑和开展服务;鼓励发展代购代办、老人陪护、家政服务、家庭医生等综合服务。

运行"互联网+物业管理"模式,创新物业管理思维。2016年启用全国首个物业管理微信投票系统,截至2017年12月,一共有9.4万户业主和1549个居民小区参与,应用该投票系统成功召开业主大会134场次。通过运行线上物业管理综合服务平台,有效解决了业主大会投票难、表决难的问题,方便社区居民更积极参与物业管理。

五 改革税收体制，释放供给活力

税收作为政府宏观调控经济的重要工具，对推动供给侧结构性改革具有重要作用。供给侧结构性改革的本质是矫正生产要素配置扭曲，提高供给质量，通过提高要素生产率，扩大有效供给，满足人们对美好生活的需求。政府改革税收制度，能为市场和企业注入活力，有效促进资源合理配置。税收作为推动供给侧改革的重要供给，主要有三大功能。一是通过政府降低企业税率，减少企业经营成本、增加利润空间。对于已存在的企业，便有更多资本投入研发改善生产技术，提高供给质量；对于市场而言，受到盈利水平上升刺激，便会有更多的企业创办建立投入生产，从而活跃整个市场。二是政府降低个人税率，有效调动劳动者积极性，提高其工作效率，刺激创新技术、创新成果产生，而劳动力与创新正是两个重要的生产要素，通过税收调整，可实现合理要素配置。三是政府通过差异化税率，对鼓励发展产业降低税率，对产能过剩、环境污染严重、经济效益不高的产业增加税收负担，逐渐实现产业结构调整，引导社会资本和生产要素向高新技术产业和战略性新兴产业倾斜。

在落实中央关于税收制度改革的政策上，深圳发扬"敢为人先"的精神，积极完成好各项改革工作，为做好各项改革工作，落实减税降费系列举措，改善营商环境。国家税务总局深圳市税务局主动作为，深入重点税源企业调研，积极争取税收试点创新，进行税收征管体制改革，严格按照中央指示加大创新力度，推进各项改革内容，努力营造全国乃至全球一流的营商环境，积极探索出一批可复制、可推广的税收创新举措。

（一）减轻企业税负压力

深圳积极落实国家有关政策，确保税收优惠政策落实到位。逐步建立"事前告知、事中提醒、事后跟踪"的减免税落实工作机制；积极开展深入重要税源企业工作，宣传税收政策，广泛听取意见，了解企业对政府税收服务的要求，确保企业享受更好的税收服务；积极落实有关制造业、中小微企业和高新技术企业的税收优惠政策，根据实际情况，制定实施方案，服务各类企业，及时监测企业减税落实情况。

1. 全面推广营改增试点

2016年5月1日，伴随着全国首张增值税电子普通发票在深圳成功开具，深圳正式开启新税制的实施，实施"营改增"全面推广试点，将剩余的建筑业、房地产业、金融业和生活服务业全部纳入营业税改征增值税改革范围，全面打通企业抵扣链条，实行不动产进项税抵扣，将新增不动产所含增值税全部纳入抵扣范围。

积极制定工作方案和应急预案。为保证营改增试点改革政策及开展落实执行进度有效和准确，2016年3—5月，深圳市国税局多次召开营改增试点专项工作座谈会议，并制定印发《深圳市国税局营业税改征增值税试点工作方案》与《深圳市国税局营业税改征增值税试点工作应急预案》。

强化纳税申报的辅导培训。采取制作申报表填写样表和"二维码"、组建辅导队现场预审、设置自助申报辅导区和"一对一"上门辅导等措施，重点辅导营改增试点纳税人如何填写申报表，如何申请减免税、税负分析样本企业的申报和税负测算。

丰富办理税务渠道，简化纳税手续。设置首次申报专窗、错峰预约、努力开辟增量资源，全系统共增设 125 个营改增窗口，发挥同城通办便利，缓解申报高峰压力；深圳国税电子税务局为纳税人提供了 PC 端、移动端、微信端等办税渠道，与一键零申报，网上预录入、预约办税等功能，并规定 2016 年 5 月 1 日起，纳税信用 A 级和 B 级的一般纳税人，取消增值税专用发票认证；5—7 月，新纳入营改增试点的一般纳税人，不需要进行增值税专用发票认证。

强化底线思维。密切关注全面"营改增"后续效应和金融、房地产等重点行业收入变动情况，按时向财政部税政司报送了"营改增"运行情况月度报告以及"营改增"改革总结报告，并且及时反映"营改增"出现的新情况、新问题，为完善"营改增"政策提出意见和建议。

深圳市税收"营改增"改革进展顺利，减轻了各类企业的税负压力，改善了深圳营商环境。2017 年深圳市"营改增"减税 396 亿元，其中"四大行业"，即深圳市四大支柱产业（文化创意产业、高新技术产业、现代物流业与金融业）直接减税 139 亿元。

2. 积极落实企业税收优惠

为鼓励企业创新创业，国家出台了一系列税收扶持政策，包括：高新技术企业优惠政策、技术先进型服务企业优惠政策、软件和集成电路企业优惠政策、小微企业优惠政策、研发费用加计扣除优惠政策、固定资产加速折旧优惠政策、技术转让减免所得、天使投资人和创投企业投资抵免优惠、支持重点群体就业创业等方面。

对高新技术企业实施税收优惠政策。对于需要重点扶持的高新技术企业,按15%的减税率征收企业所得税。对于在2008年后在深圳注册成立的高新技术企业,其营业所得来自深圳原特区内的,取得营业收入的第一年到第二年免除企业所得税,第三年到第五年的企业所得税则按照国家规定享受25%的法定税率减半征收。

对小型微利企业和其他企业实施税收优惠政策。从2017年1月1日到2019年12月31日,对符合条件的小型微利企业和其他企业给予应纳税所得额减半,仅为所得的50%,企业所得税税率为20%,按照这种优惠政策,小型微利企业的企业所得税的实际税率仅为10%。

简化企业办税手续。深圳税务部门推行的"以报代备""留存备查"管理理念以及一系列的简政放权举措,如"取消前置审核,税收优惠即报即享"等,为企业享受税收优惠政策带来了诸多便利。在这些政策下,企业享受税收优惠政策,不需要经过税务部门审批，按要求备案即可，自行申报享受优惠减免，并且备案时要求提交的材料也进一步简化，企业足不出户便可自行享受优惠政策，大幅度提高了企业享受税收优惠政策的办税效率。

3. 创新自贸区税收

2015年4月广东自贸区前海蛇口片区正式挂牌，深圳市地税局在发布会上宣布从税收管理模式、优惠政策落实、征管服务手段三大方面进行税收创新服务，以"互联网+智慧服务+可数据化管理"模式，推出"7+10"项税收创新，助力自贸区企业发展。

推行税务正面清单。前海自贸区"正面清单"是深圳市地税局率先推行的一项试点工作，通过清单列明事项，将税务人员应该做和必须做的事情进一步简明清晰罗列出来；而那些未列出的事项，税务人员不用做也不能做，合理规范税务人员的权力和责任，形成了"法无授权不可为"的"权力清单"和"法有规定必须为"的"责任清单"。

探索与自贸区相适应的税收管理机制与模式。在权责清单基础上，深圳市地税局以前海地税局为试点，取消传统"管户模式"，构建"管事模式"。传统的"管户模式"，由于税管员自由裁定，容易发生税源模糊等执法风险，不利于追责。而在"管事模式"下，税管员变身为"风险管理员",通过大数据风险管理机制,将有限的精力投入在涉税风险较高的企业上。管理方式从粗放型向集约型转变,这样一来,传统的税收管理模式即"管户模式"下的"人少户多"问题得到有效解决,不仅提高了管理效率还极大程度降低了税收管理风险。

建立具有特色的自贸区企业咨询服务体系。在咨询辅导工作方面,区别细化9项咨询服务,其中较为基础的事项由咨询组统一受理,其他事项由专业部门负责解决;在服务模式创新方面,推行"3+1"咨询服务模式,提供包括自助服务、集中专业化和点对点服务在内的三种咨询方式,企业可以使用自贸区预先约定的税收服务。

(二) 深化联合办税模式

在国税和地税合并之前,深圳市国税与地税部门在联合办税上进行了大量的探索,积极贯彻落实国务院常务会议关于推广国地税联合办税的指导精神,聚焦制度建设,建立联席会议、绩效推进、联合发文等7项制度,推进联合办税,将合作事项细分到责任部门和责任人。国税与地税部门在"资源共享、品牌共建、平台共融"上精准发力。

1. 资源共享

深圳市国税局和地税局在深化资源共享上，首先进行发票信息共享。通过数据通道的建设，能将纳税人的增值税发票使用情况传递给地税，由此地税能更精确掌握税种的计税依据或者作为应税收入的参考，从而为地税监管税源提供极大的方便。深圳市国税局和地税局在2017年5月30日前成功完成数据通道建设，两单位间信息交换顺利进行，实现了"一张票、跨两个局、管数个税"的目的。除发票信息外，深圳市国税局和地税局还通过信息通道进行其他方面的信息共享。2017年，国税局向地税局提供的数据共涉及12个业务域891张数据表，地税局向国税局提供的数据共涉及10个业务域700张数据表，数据交换总量约24.5亿条。

2. 品牌共建

2017年深圳市国税局和地税局联合开展个性化服务，联合服务大企业。为落实深化国税、地税征管体制改革，提升大企业管理层级，深入推进千户集团企业个性化服务，2017年2月15日，深圳市国税局和地税局联合召开千户集团企业工作会议，部署了个性化服务的各项工作。据统计，国家税务总局确定的千户集团中，总部在深圳的共59户，数量全国排名第六，主要分布在金融保险、房地产、通信制造和资本市场服务等行业。2016年，深圳市千户集团成员企业共4342户，纳税额合计2938亿元，占深圳市税收收入的50.86%。基于此，深圳市国税局非常重视与地税机关共同开展千户集团的个性化服务工作。深圳市国税局和地税局联合走访大企业，建立联络沟通机制，累计为大企业解决个性化诉求1200项，构建了较为立体的服务格局。

2017年7月，深圳市国税局和地税局联合推行办税人员实名办税，为方便纳税人，实名认证聚焦于线上认证渠道，微信平台、电子税务局、APP三大平台同步上线实名认证功能。纳税人动动手指，便可快捷地办理实名认证。

3. 平台共融

早在2014年，深圳市国税局和地税局就启动了各自的网上电子税务局建设项目，目的是使纳税人更便捷、更迅速、更低成本办税。深圳市国税电子税务局于2015年4月2日正式上线运营。此后，深圳市国税局不断完善网上税收服务系统，于2016年10月8日推出深圳国税金税三期系统和新版电子税务局，在业务服务范围和服务功能上相较于之前的系统有了很大提升。深圳市地税电子税务局于2015年5月正式上线，纳税人可以直接在网上认证信息，完成收入纳税信息实时查询、完税证明在线打印、12万申报缴款等功能。2016年1月8日，该平台开展微信支付缴税功能，实现全部地税税种覆盖。

深圳市一体化电子税务局建成后，为纳税人带来极大的便利，深圳市国税、地税电子税务局用户登录后，可以通过联合办理功能跳转到对方电子税务局，无须重新登录。前期的国税地税协同合作为两机构深度融合，为从二到一打下坚实的基础，2018年6月15日，深圳市国家税务局、深圳市地方税务局正式合并，成立国家税务总局深圳市税务局。

（三）创新"互联网+税务"服务体系

深圳市国税局、地税局坚持将征管信息化作为改革的突破口，构建"互联网+"服务体系，改变税收服务方式，简化纳税流程。通过持续开展税收信息化建设，特别是引入移动互联网技术。深圳坚定不移地加快纳税服务网络化办理进程，努力为纳税人创造优良的税收营商环境。

1. 网上无纸化办税

2015年12月以来，深圳市国税局和地税局按照

《深化国税、地税征管体制改革方案》的工作部署和总体要求，打造全功能全天候电子税务局，推行税收征管和纳税服务工作从实体办税全面走向网上无纸化免填单办税，实现95%以上的业务网上办理。

建设电子税务局。实现全功能、全流程、全覆盖网上申报，纳税人无须到实体税务部门填写各类纳税申报表。

完善委托代征管理系统。由委托代征单位在电子税务局开具电子缴款凭证，改变了传统纸质税票开具和结报的模式。这一做法极大降低了纸质税票的使用频率，免除了基层税务人员和委托代征单位管理纸质税票的办税成本，实现了为纳税人减负的改革目的。通过网上税收无纸化系统，大大降低了纳税人的办理时间。

升级无纸化办税系统，拓宽办税服务。新增"外出经营证明申请"等25项文书业务；提高网上办税效率，在原有UKEY验证的基础上新增了手机验证码验证的功能，开展企业无纸化退税试点工作，进一步优化出口退税服务，提升管理水平。

2. 自然人电子税务局

在"营改增"税制改革实施后，自然人成为地税征管和服务的主要对象。深圳市地税局利用信息服务技术，率先在全国开发并上线了自然人电子税务局，先后推出自然人电子税务局 PC 端和微信端。2017 年 9 月，深圳地税自然人电子税务局获评全国落实《深化国税、地税征管体制改革方案》示范项目。

自然人电子税务局是税收领域利用"互联网＋"思维，创新综合服务的生动体现。深圳市地税局积极探索自然人征管流程创新、纳税服务优化、信息数据采集，并且依托"互联网＋"搭建起个人税收综合性管理平台。以前需要去大厅办理开户和打印纳税证明的事项，不仅增加了纳税人的时间成本，还增加了税务机构工作人员的业务量，导致办税效率低下。深圳市地税局依托银行认证信息实现了自然人网络实名认证开户，纳税人开户只需在网上完成信息认证，就能在线办理各种缴税手续。

深圳自然人电子税务局主要有四个亮点。一是率先搭建个人税收综合性管理平台。该平台不仅仅包括现有的个人所得税、车船税的税收管理，还囊括申报纳税、辅导咨询、涉税信息实时推送等，有效支持自然人涉税事项在线一站式办理。二是创新在线身份认证方式。依托互联网和金融系统信息采集面广、实名认证程度高的优势，共享利用已经有的实名认证信息，率先探索银税信息交互和税企合作，免除了纳税人上门开户，解决了个人在线实名认证难题。三是率先推出完税证明实时开具。开具的完税证明加载二维码和电子印章,纳税人可以便捷地在深圳地税门户网站、PC端电子税务局、移动税务局、微信税务局等互联网渠道查验真伪。四是推出所得12万元以上个税一键申报。依托自然人电子税务局,在"深圳地税"官方微信公众号"个人中心"推出所得12万元以上个税微信自行缴纳申报功能,实名认证用户"一键"完成申报。

3. 第三方共享式服务

深圳市国税局和地税局积极拓展第三方共享式服务。截至2017年年底,深圳地税局与深圳国税局共享数据约36亿笔,积极建立与市场监管、国土、经贸信息等19家单位的数据共享机制,充分利用深圳市政务信息共享平台和自购的网络爬虫工具,获取2亿条第三方信息。

第一项"打造办税厅'安静工程',提升办税便利"共15条具体举措,包括建设导税服务台、配置导税人员、加强流动导税、落实转办制度等方面的完善优质导税服务;优化预约平台、实行主动预约办税、提供排队信息实时查询等方面的完善预约办税服务;拓展24小时自助办税区、推动自助办税设备"进区入社"、开设电子税务局体验区等方面的拓展办税场所建设。

第二项"深化电子办税,提升办税效率"共9条具体举措,包括完善电子税务局功能、优化电子税务局体验、优化智能填表功能、加大电子税务局辅导力度、推进发票"线上申领、线下配送"服务、推出自然人移动端办税服务等。

第三项"优化办税流程,缩短办税时间"共17条具体举措,包括重组办税厅服务流程、规范及拓展同城通办服务、推行实名办税、减少代开发票的办理环节、取消代开发票证明材料、扩大发票取消认证范围、推行多元化缴税、取消纸质发票验证等。

第四项"强化配套管理,保障实施效果"共9条具体举措,包括加强办税大数据分析、完善办税大数据应用、加强纳税人需求管理、实行办税事项清单管理制度、推进国地税合作等。

4."税信通"平台

2018年1月,深圳市地税局上线"税信通"平台,并与招商银行对接。2017年深圳新增高新技术企业3193家,累计达11230家,仅次于北京;工商主体数量达306.1万个,位居全国第一。庞大的中小微企业,意味着需要提供更大更广的融资平台。"税信通"平台是深圳市国税局与地税局合力开展的促进银税互动,助力解决中小微企业和诚信纳税企业融资难题,激励企业诚信纳税的创新服务。

（四）完善税收风险管理平台

依托大数据和信息技术发展，深圳税收风险管理从管理理念、管理模式、管理手段等多方面改革创新。深圳市地税局和国税局按照国家统一部署，逐渐建立起了"事前防范、事中控制、事后治理"的征管模式。通过加强大数据风险管理与排查重点企业，深圳税源风险监控体系更加完善，监管效率得到明显提升；通过改革税收稽查制度，实行"双随机一公开"、联合稽查等措施，税收诚信体系建设更有成效，税收营商环境更加友好。

1. 从"管户"到"管事"

布局先进的信息系统，再以信息化模糊部门边界，带来征管模式、体制机制的全面创新，激发税收管理各要素的活力，推动税收征管从"人盯人"的经验型、粗放型管户模式，向以"数据驱动、精准管理"为特征的管事模式转变。

坚持以信息化理念引领业务革新。对传统业务开展"解构+重构"，将传统手工操作型业务转变为适应现代信息技术，聚合度高、流转速度快的新型业务；

按照"因事定岗、因事定人"的原则,开展组织整合,建立健全与管事模式相适应的岗责体系,实现人力资源的精准投放和应用。在数据化管事模式下,以事为中心,梳理税收征管事项清单130项,并全面改造流程,纳入信息系统,开展任务推送、过程管理和留痕监督;将涉税事项前移至窗口,大幅精简涉税资料,实行全职能一窗办理,有效解决以往纳税人多头问、多头跑,以及递交资料烦琐等问题。该局还改变了"全面撒网、平均用力"的做法,将征管资源优先应用于纳税人涉税风险高的领域,利用229个指标,年均筛查18万户(次)风险任务,使风险管理成为税收管理的核心,建立起无风险不打扰、有风险就排查的新型税企关系,有效提高税收遵从度。通过不懈地改革创新,深圳市地税局税收收入在高基数上实现了持续、快速增长,从2010年的1066.2亿元增长到2017年的2304.5亿元,税收规模连续9年位居全国大中城市第三。

2. 大数据风险管理

将大数据分析和风险管理广泛应用于税收工作各领域。解决了以往难以解决的征管难题,有力促进组织收入工作,大力提升纳税遵从度。2017年深圳市地税局工作报告列出了大数据管理模式下,风险管理的新突破。一是风险传导反馈工作机制日益完善。风险识别更加注重利用大数据。深入挖掘公开信息，生成风险任务的准确率达100%。推送风险任务11.9万户次，补税71.3亿元，在任务减少48%的情况下，补税额却增长了124%。2017年建设遵从类风险指标93项，汇算清缴申报率达99.5%，征收税款突破200亿元大关。二是任务统筹进一步集约化。按户归集同批次风险任务，科学把控任务推送节奏。三是风险应对执法刚性显著增强。打通执法"断头路"，针对执法难点开展实地巡查，探索国地税联合监控模式。四是评价监控手段更加多元。强化综合类指标评审；定期发布风险管理"体检表"；"弱应对"和应对不规范比例下降50%。

3. 税务稽查改革

深圳税务机关近些年做出一系列重大税收管理改革，包括"双随机一公开"、黑名单制度和联合惩戒、国地税联合稽查、税警联合等。

"双随机一公开"打造监管新模式。所谓"双随机"就是随机抽取检查对象、随机选派执法检查人员，最大限度避免选择执法、执法不公等问题，对营造公平透明的纳税环境有重大意义。深圳税务机关精准打击涉税违法行为，落实双随机机制，2017年抽查企业

330户，查补税款3.2亿元。

税收黑名单制度与联合惩戒建设社会诚信。2015年深圳市实施税收"黑名单"联合惩戒措施，重大税收违法案件当事人将受到阻止出境、禁止部分高消费行为等17项联合惩戒。其中，仅"禁止部分高消费行为"就包括了不能乘坐飞机、轮船二等以上舱位，不得购买不动产等多项内容。2017年深圳税务机构完善税收违法"黑名单"制度。推动税收黑名单联合惩戒部门和措施"双扩围"，与30个部门开展联合惩戒，查补税款近3亿元。

国地税联合稽查创新稽查办法。深圳市国税局与地税局积极贯彻落实国家政策，成立联合稽查工作领导小组，按照规定进行信息交换，实现包括案源信息、案件线索、查办成果及其他资料信息的资源共享；共同协商、分类确认联合进户稽查对象，避免重复多头检查，提高稽查效率。2017年，深圳国地税联合稽查527户，查补税款13.8亿元。

税警联合打造法治、公平、透明的税收环境。深圳建立税警联席会议，建设税警数据交换平台，开发稽查执法记录系统。2016年11月30日"深圳市公安局罗湖分局、盐田分局派驻第一稽查局联络机制办公室"成立。

结 论

深圳实现高速发展的动力离不开供给侧结构性改革与创新发展的作用，2016年深圳正式制定并启动实施《深圳市供给侧结构性改革总体方案（2016—2018年）》以及去产能促转型、去库存稳市场、去杠杆防风险、降成本优环境以及补短板惠民生"五个行动计划"。此后无论是建设市场化创新体系，还是优化社会供给结构、健全社会服务体系等改革措施，深圳一直走在全国前沿，深圳供给侧结构性改革攻坚取得决定性成果，结合创新驱动与简政放权，以此为突破口建立健全与供给侧改革配套的财税、土地、投资等制度供给和高质量的法律法规体系，优化政府审批流程，加大市场准入开放，全面激发创新创业活力，促进提升企业竞争力和资源配置效率，保障提升民生水平，不断突破刷新深圳质量发展的优势。

——创新体系建设方面，制定以市场和产业为主导的深圳创新模式，以企业为创新主体力量，推动建设服务型政府为创新主体提供可靠支撑，促进企业与个体抓住新一代科技革命历史机遇。

——劳动力市场建设方面，提供高质量教育培育体制，培养高层次技术人才，实施人才引进计划，充分发挥优质人才带动作用，建立完善人才认定与评价机制，提高整体劳工技能素养。

——社会服务供给方面，推进教育资源的优质化与多元化，完善基础教育保障，推进医疗卫生服务的均衡化与精准化，优化医疗资源布局，改进城市基础设施建设，促进交通、物流与网络的畅通化。

——土地资源供给方面，优化用地分配结构，最大限度开辟土地可供空间，坚持土地集约发展的原则，建立健全房地产改革法律体系。

——财税体制改革方面，尽力减轻中小企业税负压力，创新"互联网+"税收服务体系，先行先试大数据税收风险管理平台，为市场和企业注入改革活力，促进资源的优化配置。

"改革是最好的发展红利"，行政改革的简政放权和制度创新、市场改革的营商环境优化、民生改革的弥补教育医疗资源短板，每一项改革创新都为深圳提供了强劲的动力之源,供给侧结构性改革和创新发展成就了"新深圳速度",众多世界500强企业在此诞生,深圳完美诠释了社会主义现代化改革建设的成功范例,因此未来深圳依旧始终牢记中央创办深圳经济特区的战略意图,坚定不移全面深化改革,坚持敢闯敢试、敢为天下先,切实当好全面深化改革的"排头兵",坚持以供给侧结构性改革为主线,通过改革释放红利,激发市场活力,增强发展动力。

参考文献

新华网：《习近平主持召开中央财经领导小组第十一次会议》（http://www.xinhuanet.com//politics/2015-11/10/c_1117099915.htm）。

新华网：《中共中央政治局召开会议分析研究2016年经济工作 研究部署城市工作》（http://www.xinhuanet.com//politics/2015-12/14/c_1117456577.htm）。

新华网：《中央经济工作会议举行 习近平李克强作重要讲话》（http://www.xinhuanet.com//politics/leaders/2017-12/20/c_1122142392.htm）。

新华网：《新华社六论习近平总书记"7·26"重要讲话精神》（http://www.xinhuanet.com/nzzt/22/）。

新华网：《习近平：在庆祝改革开放40周年大会上的讲话》（http://www.xinhuanet.com/2018-12/18/c_1123872025.htm）。

陈斌开：《政府如何助推供给侧改革》，《人民论坛》2016年第7期。

樊丽如、李富忠：《供给侧改革视角下的土地制度问题探析》，《湖北农业科学》2017年第19期。

辜胜阻、杨嵋、庄芹芹：《创新驱动发展战略中建设创新型城市的战略思考——基于深圳创新发展模式的经验启示》，《中国科技论坛》2016年第9期。

胡延华：《高职院校专业层面供给侧改革的探索与实践——以深圳职业技术学院物流管理专业为例》，《物流技术》2016年第10期。

黄爱学：《我国商事登记制度的改革、创新与发展——评深圳和珠海商事登记立法》，《法治研究》2013年第11期。

黄治：《城中村改造模式与策略研究》，博士学位论文，武汉大学，2013年。

林祥：《深圳供给侧改革的关键是创新》，《深圳特区报》2016年5月13日第8版。

罗彦、杜枫、许路曦：《基于深圳城市发展单元规划的规划转型与创新》，《城市发展研究》2013年第8期。

尤建新、卢超、郑海鳌、陈震：《创新型城市建设模式分析——以上海和深圳为例》，《中国软科学》2011年第7期。

张权、林德昌：《"新常态"视角下创新型人才激励机制实证研究——基于深圳创新型人才的调查》,《山东工商学院学报》2016年第3期。

赵放、曾国屏:《全球价值链与国内价值链并行条件下产业升级的联动效应——以深圳产业升级为案例》,《中国软科学》2014年第11期。

后 记

改革开放 41 年来,深圳从一个小渔村摇身一变,一跃成为一座充满魅力、动力、创新力的国际化大城市,成为了展现中国全新面貌的重要窗口。深圳经验特别是供给侧结构性改革的成功经验对于中国改革开放具有重要的引领作用。然而当今国际社会"单边主义"和"保护主义"大行其道,中美贸易摩擦愈演愈烈,在多变而复杂的国际形势下,深圳市被赋予了新的历史使命,2019 年 8 月 18 日,中共中央、国务院正式发布《关于支持深圳建设中国特色社会主义先行示范区的意见》。该意见提出了支持深圳高举新时代改革开放旗帜、建设中国特色社会主义先行示范区,在更高起点、更高层次、更高目标上推进改革开放,形成全面深化改革、全面扩大开放新格局。深圳改革开放由此进入了一个新的阶段。

深圳的成功经验为全国改革开放和社会主义现代

化建设做出了重大贡献，向世界展示了改革开放是坚持和发展中国特色社会主义的必由之路的正确性。加强对深圳经验的梳理、提炼和总结，并及时地推广宣传，可以进一步发挥其示范、辐射作用，诠释中国特色社会主义优越性。基于此，中国社会科学出版社赵剑英社长策划组织了"深圳的动力：供给侧结构性改革和创新发展的深圳经验"这一课题，并得到了深圳市委宣传部的大力支持。赵剑英社长领衔的中社智库研究院在总结深圳改革开放的历史进程、明确深圳在改革开放中的历史定位的基础上，对深圳供给侧结构性改革的先进经验进行了全方位考察。课题组先后赴深圳进行了三次实地调研，分别走访了深圳市委宣传部、市政府办公厅、市政府发展研究中心，发改委、统计局、经信委、科创委、政法委、规土委、人居委、市人大法律办、司法局、法制办、法院、检察院、公安局、仲裁委外事办、特区文化研究中心、南山区区委、深圳市社科院、蛇口自由贸易区、大疆、腾讯等深圳市党政机关与企业，通过参观、座谈交流、访谈负责人与调阅资料等方式，课题组成功获取了第一手资料。调研中的所见所闻，使得课题组直观感受到了深圳市在先行先试探索创新方面的活力，对深圳供给侧结构性改革的经验有了全方位的了解。在文献收集与实地调研获得材料基础上，课题组经过多次论证与专家咨询，系统总结了深圳市供给侧结构性改革方面的先进经验，最终汇总成稿，为中华人民共和国成立70周年献礼。

赵剑英作为课题总负责人，两次率队赴深圳实地调研，主持了课题方案的设计和研究计划的制定，对本书的思路、结构、创新等给予了重要而及时的指导。中国社会科学出版社总编辑助理兼重大项目/智库成果出版中心主任王茵，中国社会科学出版社博士后、对外经济贸易大学中国世界贸易组织研究院副研究员刘斌，中国社会科学出版社哲学宗教与社会学出版中心副主任朱华彬、大众分社副总编辑侯苗苗，重大项目出版中心编辑郭枭、李溪鹏、黄晗参与课题调研并承担写作工作，刘斌承担了主要写作工作。

中国社会科学院经济所原所长裴长洪研究员、中国社会科学院工业经济研究所贺俊研究员对本课题初稿提出了重要的修改建议，多次强调创新发展对于深圳的重要意义。

本书在资料搜集、写作以及成稿的过程中得到了深圳市有关部门的大力支持，这其中，深圳市委宣传部更是给予了高度重视。课题组的工作最终能够顺利完成，离不开宣传部各位同志的支持和帮助。本书在此郑重感谢深圳市委宣传部常务副部长陈金海同志，深圳市人大常委会办公厅杨建副主任，深圳市委宣传部理论处史学正副处长,以及宣传部其他同志在课题组调查和资料采集过程中的紧密配合与大力支持,也感谢其他党政机关与部分企业的同志从中协调,支持课题组的调研工作。

中国社会科学出版社
中社智库研究院
2019年9月

中社智库研究院简介

中国社会科学出版社于2017年成立中社智库研究院，依托作为国家级高端智库成果重要发布平台的优势，组织专家开展各种重大决策研究活动，承接各级政府及其相关部门委托的课题和调研项目；加强与国内外相关智库机构的联系与合作，组织培训、研讨、论坛等活动；倾力打造"中社智库"品牌，下分国家智库报告、地方智库报告、智库丛书和年度报告四大系列；搭建一个全国性的经济与政治、文化与社会、环境与资源、历史与现状、发展与趋势等具有现实性与前瞻性的资料及研究成果的数据库。中社智库研究院致力于提供优质智力服务和优秀智库成果出版服务。